KB134774

KFO
Korea Financial Organization
한국금융개발원

C o n t e n t s

Finance

PART 01
금융의 기초

1장 금융의 개념

금융(finance)이란, 타인에게서 자금을 빌리거나 빌려주는 자금의 융통행위를 의미한다. 이러한 금융거래는 경제주체들의 일시적인 자금과부족으로 인한 지출의 변동을 줄임으로써 경제활동을 안정화하는 기능을 하며, 인적·물적 자본에 대한 투자기회를 확대함으로써 궁극적으로 개인의 소득증대와 기업의 생산성 향상에 기여한다.

여기서 잠깐

돈, 화폐, 통화의 차이점은 무엇일까요?

돈과 화폐, 통화는 넓은 의미에서 같은 말이다.
그러나 우리나라에서는 동전이나 지폐와 같은 현금을 돈이라고 하고, 현금에 수표나 어음 같은 신용화폐와 신용카드, IC카드, 사이버머니 같은 전자화폐 등을 포함하여 화폐라고 한다. 통화는 통용되는 화폐라는 뜻으로 화폐의 지불수단으로서의 기능을 중시하여 민간이 보유하고 있는 현금과 당좌예금, 보통예금 등의 은행의 요구불예금까지를 포함한 개념이다. 요구불예금은 비록 현금은 아니지만 수표 발행을 통해 지불수단으로 사용되거나 즉각적으로 현금과 교환될 수 있어 기능면에서 현금과 거의 같다고 할 수 있으므로 통화에 포함시키고 있다.

2장 금융시장

1. 금융시장의 의의

금융시장이란 자금의 공급자와 수요자 간에 자금거래가 조직적으로 이루어지는 장소를 말한다. 여기서 장소라 함은 반드시 구체적인 형체를 지닌 시장만을 의미하는 것은 아니며 거래가 체계적·반복적으로 이루어지는 장외시장과 같은 추상적인 시장도 포함한다.

2. 금융시장의 구분

01. 직접금융시장 vs 간접금융시장

금융시장은 금융거래가 금융중개기관을 통해 이루어지는지에 따라 직접금융시장과 간접금융시장으로 구분된다. 직접금융시장에서는 자금의 최종수요자가 자기 명의로 발행한 주식, 회사채 등 본원증권을 자금공급자가 직접 매입하는 형태로 금융거래가 이루어진다. 반면, 간접금융시장에서는 은행, 자산운용회사와 같은 금융기관이 예금증서나 수익증권과 같은 간접증권을 발행하여 조달한 자금으로 본원증권을 매입함으로써 최종수요자에게 자금이 공급된다.

02. 자금시장 vs 자본시장(단기금융시장과 장기금융시장)

금융시장은 금융거래의 만기를 기준으로 하여 자금시장과 자본시장으로 구분된다. 자금시장은 단기거래를 위해 유동성이 높은(현금화가 쉬운) 특정 금융상품을 직접거래하며, 개인보다는 주로 기업·정부·금융회사 등 신용도가 비교적 높은 거래자가 참여해 거액의 자금을 단기간에 거래한다. 콜, 기업어음(CP), 양도성 예금증서(CD),환매조건부채권매매(RP) 등 통상 만기 1년 이내의 금융자산이 거래되는 시장이다. 반면 자본시장은 기업의 설비자금, 정부 및 지방자치단체의 사업자금 등 장기자금이 조달되는 시장으로 만기 1년 이상의 채권이나 만기가 없는 주식이 거래되는 시장이다.

03. 발행시장 vs 유통시장

금융시장은 금융상품의 신규발행 여부를 기준으로 발행시장(primary market)과 유통시장(secondary market)으로 구분된다. 주식이나 채권이 처음 발행되는 시장은 발행시장, 이미 발행된 주식이나 채권이 거래되는 시장은 유통시장이다. 발행시장은 자금수요자가 본원증권을 직접 발행하는 직접발행보다는 증권사 등 인수기관이 증권의 발행사무를 대행하는 간접발행 방식이 일반적이다. 한편 유통시장은 시장의 유동성을 높여 투자증권의 현금화를 용이하게 할 뿐만 아니라 유통시장의 가격이 발행시장의 가격결정에 기준이 되기도 한다.

04. 거래소시장 vs 장외시장

금융시장은 표준화된 거래규칙 및 물리적인 거래장소가 존재하는 거래소시장과 그렇지 않은 장외시장으로 구분된다. 거래소시장은 매수·매도 주문이 거래소에 집중되어 시장참가자 간의 거래가 다면적으로 이루어진다. 우리나라의 거래소시장으로는 은행, 증권회사, 선물사 등이 회원으로 가입하여 상장 주식, 채권, 선물, 옵션 등을 거래하는 한국거래소가 있다. 반면 장외시장은 거래 상대방과 직접 거래주문을 주고 받거나 딜러, 브로커 등 중개기관을 통해 제한된 거래 상대방과 거래가 이루어지는 점두시장을 의미한다. 우리나라의 경우 채권, 외환, 금리 및 통화스왑 파생금융상품 등이 대부분 장외시장에서 거래되고 있다.

3장 금융기관

1. 금융기관의 역할

01. 거래비용 절감

금융기관은 수많은 자금공급자 및 수요자와 규칙적 · 반복적으로 거래함으로써 규모의 경제 및 범위의 경제를 가진다. 그러므로 자금의 공급자 및 수요자가 개별 금융거래 시 마다 직접 거래상대방을 찾아서 상대방의 신용정보나 법률적 문제를 검토하고 금융거래를 하는 경우에 비해 훨씬 낮은 비용으로 금융거래를 중개할 수 있게 된다.

02. 만기 및 금액 변환

금융기관은 다양한 만기와 금액의 자금을 모아 자금수요자에게 필요한 자금을 일정기간 동안 공급해 준다. 즉, 단기 · 소액자금을 모아 장기 · 거액자금을 공급하거나 장기 · 거액자금을 모아 단기 · 소액자금으로 공급한다. 금융기관이 없을 경우 자금의 공급자와 수요자들이 각각 희망하는 조건이 다르기 때문에 금융거래가 성립되기 어려운 경우가 많을 것이다.

03. 채무불이행위험 축소

금융기관은 채무불이행에 따른 위험을 축소시켜준다. 자금의 대차거래를 개별적으로 할 경우에는 자금의 공급자가 수요자의 채무불이행위험을 혼자서 전부 부담하여야 한다. 그러나 금융기관은 다수의 자금공급자로부터 자금을 모집하고 이를 분산하여 공급하기 때문에 채무불이행이 일어나더라도 그 손실을 다수의 자금공급자들이 나누어서 부담하게 되어 개별 투자자의 손실부담을 제한할 수 있다.

04. 지급결제수단 제공

금융기관은 다양한 지급결제수단을 제공하여 금융기관과 고객 간, 금융기관 간, 고객 간 대차관계를 종결시킴으로써 경제활동을 촉진시킨다. 금융기관이 제공하는 대표적인 지급결제수단에는 수표, 어음, 신용카드, 자금이체 등이 있다.

2. 금융기관의 종류

01. 한국은행

한국은행은 우리나라의 중앙은행으로서 돈을 발행하고 국내에 유통되는 돈의 양과 흐름을 조절하는 통화신용정책을 수립ㆍ집행하는 한편, 은행들의 은행으로서 금융기관에 돈을 대출해주기도 하고 금융기관에 대한 감독기능을 수행함으로써 통화가치를 안정시키고 은행신용제도의 건전화를 도모하고 있다.

02. 은행

대표적인 금융기관으로서 수많은 불특정 다수의 자금공급자에게 예금의 형태로 자금을 공급받아 자금수요자에게 대출의 형태로 공급하게 된다. 이러한 은행의 역할로 인해 자금수요자와 자금공급자가 모두 적은 비용과 노력으로 높은 신용을 갖춘 금융거래를 할 수 있는 것이다.

1 예금업무
정기예금, 정기적금, 장기주택마련저축, 저축예금, 기업자유예금, 주택청약종합저축, 보통예금, 별단예금, 당좌예금, 외화예수금

2 예금 이외의 수신업무
금전신탁, 양도성 예금증서, 환매조건부채권 매도, 은행채

3 대출업무
어음대출, 어음할인, 증서대출, 당좌대출

4 환업무

거래지역에 따라 환거래를 통한 자금결제가 국내에서만 이루어지는 내국환과 국가 간 대차관계를 외국환은행의 중개에 의해 결제하는 외국환으로 구분된다.

내국환은 자금입출금업무, 자금결제, 수표교환업무, 온라인 송금·입금업무, 자동이체 등이 있고, 외국환은 외국환 매입 또는 매도, 외화수표 매입 또는 매도, 여행자 수표 발행업무, 해외송금, 다른 나라에서 우리나라로 송금한 금액 환전업무, 무역 관련 신용장 개설업무나 그와 관련한 대출 업무 등으로 나누어진다.

5 지급보증업무

지급보증이란 은행이 거래자의 의뢰에 따라 동 거래자가 제3자에게 부담하고 있는 확정 채무의 지급을 약정하거나 보증채무 등 장래에 부담하게 될 가능성이 있는 채무를 인수 하는 것으로서 그 성질상 여신업무에 속하나 신용공여 시 자금의 공급이 수반되지 않는 점에서 어음할인이나 대출과 구분된다.

6 증권투자업무

은행은 예금, 차입 등을 통해 조달한 자금을 대출 외에 증권에 투자함으로써 보유자산 의 다양화 및 수익성 제고를 도모하고 있으며, 은행이 투자할 수 있는 증권의 종류에는 별다른 제한이 없다.

03. 비은행 예금취급기관

은행법에 적용을 받지 않으면서도 은행과 유사한 예금업무를 취급하고 있는 금융기 관으로 종합금융회사, 상호저축은행, 신용협동기구(신용협동조합, 새마을금고, 상호 금융), 우체국예금 등이 이에 해당한다.

구분	자금재원 마련방법	운영방법
종합금융회사	발행어음, CMA, 차입금	대출, 유가증권, 리스자산
상호저축은행	정기예금	대출, 어음할인
신용협동기구	조합원들 예수금	대출
우체국예금	예금 및 환매조건부 매도	예치금, 유가증권

04. 보험회사

보험회사는 다수의 보험계약자로부터 보험료를 받아 이를 대출, 유가증권, 부동산 등에 투자하여 보험계약자의 노후, 사망, 질병 또는 화재나 각종 사고 시 보험금을 지급하는 업무를 영위하는 금융기관이다. 보험회사에는 생명보험회사, 손해보험회사, 우체국보험, 공제기관, 그리고 수출보험공사 등이 있다.

1 생명보험회사

사망, 질병, 노후 등에 대비한 보험의 인수 · 운영을 주된 업무로 하는 금융기관이다.

2 손해보험회사

화재, 자동차사고, 해상사고 등에 대비한 보험의 인수 · 운영을 고유 업무로 하는 금융기관이다.

3 우체국보험

일반민영보험과 달리 국영보험으로 보험의 보편화를 통해 재해의 위험에 공동으로 대처함으로써 국민의 경제생활 안정과 공공복리의 증진에 기여함을 목적으로 하고 있다.

05. 금융투자회사

금융투자업을 영위하는 금융투자회사는 기능별로 6개 금융투자업 전부를 겸영할 수 있게 영업범위가 확대되었다. 고객과 직접 채무관계를 갖거나 고객의 자산을 수탁하는 투자매매업 · 투자중개업 · 집합투자업 · 신탁업을 영위하기 위해서는 금융위원회의 인가를 취득해야 하는 반면, 투자자의 재산 수탁 등이 수반되지 않는 투자일임업 · 투자자문업은 등록만으로 영업이 가능하다.

1 투자매매업

누구의 명의로 하든지 자기의 계산으로 금융투자상품의 매도 · 매수, 증권의 발행 · 인수 또는 그 청약의 권유, 청약, 청약의 승낙을 영업으로 하는 금융투자업자를 말한다.

2 투자중개업자

타인의 계산에 의해 증권의 발행 · 인수 자체를 제외한 투자매매업자의 업무를 영업으로 하는 금융투자업자를 말한다.

3 집합투자업자

2인 이상에게 투자권유를 하여 모은 금전 등을 투자자의 일상적인 운용지시 없이 투자대상자산에 운용하고 그 결과를 투자자에게 배분하여 귀속시키는 것을 영업으로 하는 금융투자회사를 말한다.

4 신탁업자

금전 또는 재산을 고객(위탁자)으로부터 수탁받아 수익자(고객 또는 제3자)의 이익을 위해 그 재산권을 운영, 관리, 처분하게 하는 것을 영업으로 하는 금융투자회사를 말한다.

5 투자자문업자/투자일임업자

투자자문업자는 금융투자상품의 가치 또는 금융투자상품에 대한 투자판단에 관한 자문을, 투자일임업자는 투자자로부터 투자판단의 전부 또는 일부를 일임받아 투자자별로 금융투자상품을 구분하여 운용하는 것을 영업으로 하는 금융투자업자를 의미한다.

06. 여신전문금융회사

여신전문금융회사는 수신기능 없이 회사채 발행 및 금융기관 차입금 등을 통해 조달한 자금으로 소비자금융, 리스, 벤처금융 등 여신업무만을 취급하는 금융기관으로 신용카드업, 시설대여업, 할부금융업 및 신기술금융업 등을 포함한다.

1 신용카드회사

신용카드의 이용과 관련한 소비자금융을 영위하는 금융기관으로 신용카드 이용과 관련된 대금의 결제, 신용카드의 발행 및 관리, 신용카드 가맹점의 모집 및 관리 등을 기본업무로 한다.

2 리스회사

시설대여방식으로 기업 설비자금을 공급하는 금융기관이다.

3 할부금융회사

할부금융 이용자에게 재화와 용역의 구매자금을 공여하는 소비자금융을 취급하는 금융기관이다.

4 신기술사업금융회사

신기술사업자 및 관련 조합에 대한 투자, 융자, 경영 및 기술의 지도, 신기술사업투자조합 설립·관리·운용 등을 종합적으로 취급하는 금융기관이다.

07. 금융보조기관

금융보조기관이란 금융기관 업무 및 금융거래 행위와 밀접하게 관련된 서비스를 제공함으로써 금융제도 전반의 원활한 운영에 기여하는 기관을 말한다.

1 신용보증기관

기업상 필요한 자금조달을 원활하게 하기 위하여 경제 주체 간 신용거래에 개재되어 있는 채무불이행의 위험을 경감시켜 주기 위하여, 물적 담보능력이 부족한 기업에 대하여 그 채무의 이행을 보증하여 주는 업무

2 신용평가회사

유가증권 또는 특정 채무의 원리금 상환능력에 영향을 주는 여러 가지 요소를 평가해 일정한 신용평가등급을 제공하는 업무

3 한국자산관리공사

금융기관의 부실자산 정리 및 부실징후기업의 경영정상화 지원을 위해 설립되었다.

4 한국거래소

유가증권시장 및 코스닥시장에 대한 유가증권 상장, 매매거래 체결 및 시세공표 관련 업무, 시장 관련 제도의 개선 및 신상품 개발업무, 파생상품시장의 개설·운용, 파생상품거래의 체결 및 결제 업무

5 한국주택금융공사

안정적인 장기 주택금융 공급을 촉진하기 위하여 설립되었으며, 금융기관으로부터 양도받은 주택저당채권을 담보로 저당채권담보부채권 또는 주택저당채권을 발행하고 양도받은 주택저당채권의 관리 · 운용 · 처분으로 발생한 수익으로 채권 원리금 또는 증권 배당을 지급하는 업무를 주업으로 한다.

6 자금중개회사

금융기관 간의 자금거래 중개를 전문으로 하는 회사이다.

7 한국정책금융공사

한국산업은행이 수행하던 정책금융기능을 전담할 목적으로 설립된 정책금융기관이다.

구분		
은행	중앙은행	한국은행
	일반은행	시중은행
		지방은행
		외은지점
	특수은행	한국산업은행
		한국수출입은행
		중소기업은행
		농업협동조합중앙회
		수산업협동조합중앙회
비은행 예금취급기관	상호저축은행	
	신용협동기구	신용협동조합
		새마을금고
		상호금융
	우체국예금	
	종합금융회사	
금융투자업자	투자매매 · 중개업자	증권회사
		선물회사
	집합투자업자	
	투자 일임 · 자문업자	
	신탁업자	은행/증권/보험/부동산신탁

보험회사	생명보험회사	
	손해보험회사	손해보험회사
		재보험회사
		보증보험회사
	우체국보험	
	공제기관	농협, 새마을, 수협, 신협공제
	한국수출보험공사	
기타 금융기관	신탁회사	
	여신전문금융회사	리스/카드/할부금융/신기술사업금융
	벤처캐피탈회사	중소기업창업투자회사
금융보조기관	금융감독원, 예금보험공사, 금융결제원, 한국예탁결제원, 한국거래소, 신용보증기관, 신용정보회사, 자금중개회사, 한국자산관리공사, 한국주택금융공사	

4장 금융과 생활

1. 물가와 생활

01. 물가의 의의

여러 가지 상품들의 가격을 한데 묶어 이들의 종합적인 움직임을 알 수 있도록 한 것으로 여러 가지 상품들의 평균적인 가격수준이다.

02. 물가와 관련된 경제 현상

1 인플레이션

통화량의 증가로 화폐가치가 하락하고, 모든 상품의 물가가 전반적으로 꾸준히 오르는 경제 현상

2 디플레이션

경제 전반적으로 상품과 서비스의 가격이 지속적으로 하락하는 현상

3 스태그플레이션

침체를 의미하는 스태그네이션(stagnation)과 물가 상승의 인플레이션(inflation)의 합성어로 경기 침체에도 불구하고 물가가 오히려 오르는 현상

4 애그플레이션

농업(agriculture)과 인플레이션(inflation)의 합성어로, 농산물 가격 급등으로 일반 물가가 상승하는 현상을 뜻하는 신조어

인플레이션이 경제에 미치는 영향

① 합리적 소비 · 투자 저해
② 국제수지 악화
③ 경제불평등 심화

2. 금리와 생활

01. 금리의 의의

자금의 수요자가 자금공급자에게 돈을 빌린 데 대한 대가로 지급하는 이자의 원금대비 비율을 의미한다. 즉, 돈을 빌린 데 대한 대가로 지불하는 자금의 가격을 의미한다.

02. 금리의 결정요인

금리는 기본적으로 자금에 대한 수요와 공급에 따라 결정되지만 단기적으로는 경기상황, 통화정책기조, 개별 자산의 수급상황 등도 영향을 준다.

1 경제활동수준

2 통화정책기조

3 기대인플레이션

03. 금리의 종류

1 단리와 복리

단리는 원금에 대하여만 이자를 계산하는 방법이고, 복리는 원금에 대한 이자뿐만 아니라 이자에 대한 이자도 함께 계산하는 방법이다.

2 명목금리와 실질금리

금리는 인플레이션 발생으로 인한 구매력의 변화를 고려했는지의 여부에 따라 명목금리와 실질금리로 구분한다.

3 표면금리와 실효금리

표면금리는 금융거래 시 계약증서상에 기재된 명목상의 약속금리를 의미한다. 반면 실효금리는 이자지급방법, 상환방법, 수수료, 세금 등 각종 부대조건을 감안한 후 차입자가 실질적으로 부담하는 순자금조달비용을 의미한다.

4 콜금리

콜시장은 금융기관들이 일시적인 자금과부족을 조절하기 위해 초단기자금을 거래하는 시장을 의미하며 동 시장에서 형성된 1일물 금리를 '콜금리'라고 한다.

5 COFIX(Cost of Funds Index)

국내 9개 은행들이 제공한 자금조달 관련 정보를 기초로 하여 전국은행연합회가 편제하고 있는 자금조달비용지수로서 가계주택담보대출의 기준금리로서 활용되고 있다.

3. 환율과 생활

01. 환율의 의의

어떤 나라의 통화 1단위를 다른 나라 통화와 교환할 때 적용되는 양국 통화 간의 교환비율을 말하며, 일국 통화의 대외가치를 나타낸다.

02. 환율의 결정

환율은 기본적으로 대외거래의 결과에 따라 변동한다. 외국과의 거래 결과 달러화의 공급이 수요보다 많으면 달러화의 가치가 하락하고 원화의 가치는 상승하여 원화 환율이 하락하게 되며, 반대로 달러화에 대한 수요가 공급보다 많으면 달러화 가치가 상승하고 원화 가치는 하락하여 원화 환율이 상승하게 된다.

환율이 상승하면, 수출업자는 환차익으로 인해 수익이 증가한다. 반대로 수입업자는 수입대금이 증가하기 때문에 수입을 줄이게 된다.

여기서 잠깐

금리 · 물가 · 환율과 주가

01. 금리와 주가
▶ 금리 상승 시
  – 기업 부문 : 자금확보 → 시설투자 → 수익성 향상 → 주가 상승
  – 민간 부문 : 예금 비중 증가 → 주식 선호도 감소 → 주가 하락

02. 물가와 주가
▶ 인플레이션(물가 상승) → 돈의 가치 하락 → 주식 매도 → 실물자산 구입 →
  주가 하락
▶ 디플레이션(물가 하락) → 돈의 가치 상승 → 은행 예금, 주식 선호 → 주가 상승
▶ 스태그플레이션(물가 상승 + 경기 침체)
  – 기업 부문 : 판매 감소 → 수익성 악화 → 주가 하락
  – 민간 부문 : 소비자 구매력 감소 → 주가 하락

03. 환율과 주가
▶ 환율 인하 → 수출 감소, 수입 증가 → 수익성 악화 → 주가 하락
▶ 환율 인상 → 수출 증가, 수입 감소 → 수익성 향상 → 주가 상승

5장 금융상품

1. 은행 관련

01. 입출금이 자유로운 상품

1 보통예금 vs 저축예금

보통예금은 예치금액, 예치기간의 제한이 없는 대표적인 입출금이 자유로운 예금이다. 저축예금은 입출금이 자유롭지만 보통예금보다는 상대적으로 높은 금리를 적용한다.

2 MMDA vs MMF vs CMA

MMDA는 입출금이 자유로우면서도 높은 금리를 받을 수 있는 저축상품으로 '시장금리부 수시입출금식 예금'이라고 부른다. MMF는 자산운용회사가 고객들의 자금을 모아 펀드를 구성한 후 금리가 높은 만기 1년 미만의 기업어음(CP), 양도성 예금증서(CD) 등 주로 단기금융상품에 집중 투자하여 얻은 수익을 고객에게 돌려주는 채권투자 신탁상품이다. 반면, CMA는 종합금융회사나 증권회사의 증권계좌에 자산관리기능과 소액대출, 입출금, 자금결제 등 각종 부가 서비스를 결합하여 고객 편의성과 수익성을 크게 제고한 금융상품이다.

여기서 잠깐

종합어음관리계좌(CMA)

나만의 맞춤 자산 관리
W - CMA 통장

W-CMA 통장은 하루만 맡겨도 높은 수준의 수익을 주는 통장으로 수시 입출금이 가능하고, 다양한 금융상품에 투자할 수 있는 종합자산관리통장입니다.
고객님의 투자성향에 맞는 자동투자상품을 지정하실 수 있으며, 자동투자상품을 지정하지 않으면, 계좌에 입금하신 예수금에 대하여 높은 수준의 예탁금이용료를 드립니다.

해당 예탁금은 예금자보호법에 따라, 동양증권에 있는 본인의 모든 예금보호 대상 금융상품의 원금과 소정의 이자를 합하여 **예금보험공사가 1인당 '최고 5천만원까지'** 보호합니다.

3 기업자유예금 vs 별단예금

기업자유예금은 기업의 여유자금을 흡수하기 위한 입출금이 자유로운 예금이다. 별단
예금은 다른 어떤 예금에도 속하지 않는 일시적인 예금 또는 보관금을 처리하기 위하여
설정된 예금이다.

4 (가계) 당좌예금

은행과 당좌거래계약을 체결한 거래처가 상거래에서 발생하는 대금결제를 위해 자금을
예입하고 그 예금 범위 내에서 어음 또는 수표를 발행함으로써 출납 지급사무를 은행에
위임하고자 개설하는 예금이다. 가계당좌예금은 일반 당좌예금과는 달리 이자가 지급
되는 가계 우대성 요구불예금이다.

02. 목돈 마련을 위한 상품 : 정기적금 vs 자유적금

매월 일정금액을 정기적으로 납입하고 만기일에 원리금을 지급받는 예금으로 푼돈을
모아 목돈을 마련하는 데 적합한 가장 보편적인 장기 금융상품이다. 자유적금은 정
기적금과 달리 가입자가 자금 여유가 있을 때 금액이나 입금횟수에 제한 없이 입금할
수 있는 적립식 상품이다.

03. 목돈을 불려나가는 상품

1 정기예금

계약 시 저축기간과 금리를 미리 정해 일정금액을 예치하는 장기 저축성 예금이다.

2 양도성 예금증서(CD)

정기예금에 양도성을 부여한 것으로 무기명 할인식으로 발행하는 시장금리부 예금이다. 은행이 발행하고 증권사가 유통을 담당하고 있으며 중도해지가 불가능한 대신 양도성이 부여되어 유통이 가능하다.

여기서 잠깐

양도성 예금증서(CD)

3 표지어음

금융기관이 기업으로부터 할인하여 보유 중인 상업어음과 무역어음을 근거로 그 금액을 분할 또는 통합 재구성하여 새로 발행하는 약속어음을 말한다.

표지어음

예금자 보호법에 의한 예금보호
안전함과 높은 수익으로 고객님을 모십니다.

믿음으로 찾아오는 은행, 웃음까지 찾아가는 은행
현대스위스저축은행

홈 > 예금 > 목돈운용상품 > **표지어음**

표지어음

목돈을 단기로 예금하고 고수익을 얻을 수 있는 예금 입니다.
이 예금은 예금자 보호법에 따라 예금보험공사가 보호합니다.

- **가입대상**　　제한없음

- **가입기간**　　30일 ~ 180일 이내

　　　　　　　※ 이자는 만기에 한꺼번에 받으실 수 있으며, 만기 전이라도 자금이 필요하실 경우에는
　　　　　　　　중도해약이 가능합니다.

- **이율안내**　　　　　　　　　　　　　　　　　　　　　　　2009년 10월 31일 현재

가입기간	적용이율				중도해지이율	만기후이율
	현대스위스	현대스위스 II	현대스위스 III	현대스위스 III (대치역지점)		
30일 ~ 59일	3.0 %	3.0 %	3.0 %	3.0 %	30일 미만 : 보통예금이율	만기후 이자 없음
60일 ~ 89일	3.0 %	3.0 %	3.0 %	3.0 %		
90일 ~ 179일	3.3 %	3.3 %	3.3 %	3.3 %	90일 미만 : 1.0 %	
180일	4.7 %	4.7 %	4.7 %	4.7 %	180일 미만 : 1.5 %	

4 환매조건부채권 매도(RP)

금융기관이 발행기관으로부터 인수한 국공채 등을 근거로 발행한 채권을 일정기간 경과 후 일정 가격으로 다시 매수할 것을 조건으로 매도하는 형태의 채권을 의미한다.

여기서 잠깐

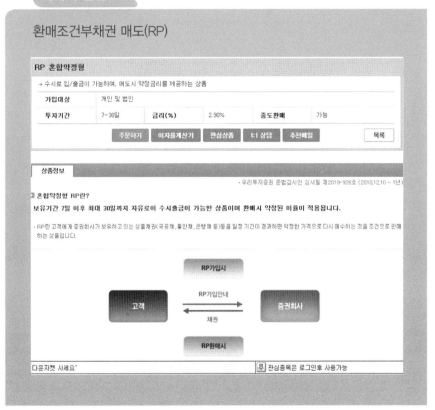

환매조건부채권 매도(RP)

RP 혼합약정형

→ 수시로 입/출금이 가능하며, 매도시 약정금리를 제공하는 상품

가입대상	개인 및 법인				
투자기간	7~30일	금리(%)	2.90%	중도환매	가능

[주문하기] [이자율계산기] [관심상품] [1:1 상담] [추천메일]　　　　[목록]

상품정보

・우리투자증권 준법감시인 심사필 제2010-926호 (2010.12.10 ~ 1년)

■ 혼합약정형 RP란?

보유기간 7일 이후 최대 30일까지 자유로이 수시출금이 가능한 상품이며 환매시 약정된 이율이 적용됩니다.

・RP란 고객에게 증권회사가 보유하고 있는 상품채권(국공채,통안채,은행채 등)들을 일정 기간이 경과하면 약정한 가격으로 다시 매수하는 것을 조건으로 판매하는 상품입니다.

다운자켓 사세요" 　　　　　　　　　 　　　　　　[펀] 관심종목은 로그인후 사용가능

5 기업어음(CP)

신용상태가 양호한 기업이 상거래와 관계없이 단기자금을 조달하기 위해 자기 신용을 바탕으로 발행하는 만기가 1년 이내인 융통어음이다.

04. 주택청약 관련 상품

구분	청약저축	청약부금	청약예금	종합저축	장기주택 마련저축
가입대상	무주택 세대주	20세 이상		제한 없음	18세 이상 무주택 or 3억 이하
저축방식	매월 불입	매월 불입	일시예치	불입/예치	
저축금액	2~10만 원(5천)	5~50만 원(만 원)	지역별 청약 가능	2~50만 원	분기별 300만 원
대상주택	85m²↓ 공공	85m²↓ 민영	모든 민영	모든 아파트	7년 이상
기타	전 금융기관을 통하여 1인 1계좌만 가입 가능하다.				

05. 세금우대저축 vs 생계형 비과세저축

구분	세금우대종합저축	생계형 저축
가입대상자	20세 이상, 세대주 (20세 미만이라도 장애인복지카드 소지자, 기초생활수급자, 독립유공자 등은 가능)	만 60세 이상의 개인, 장애인복지카드 소지자, 기초생활수급자, 독립유공자
저축한도	1천만 원 (60세 이상, 기타요건 : 3천만 원)	3천만 원
적용세율	9.5%	비과세
기타	저축계약기간 : 1년 이상	▪ CD, 표지어음, 무기명정기예금, (가계) 당좌예금, 장기주택마련저축, 연금신탁, 외화예금 가입 불가 ▪ 명의변경, 양도, 양수 불가

생계형 비과세저축

내 이름으로 만든 첫 적금통장

최고 **연5.2% 월복리** 효과로 시작부터 앞서가자!

KB국민 첫재테크적금

(세전, 2011. 1. 17일기준)

상품정보

- **상품특징**

  20~30대 직장 초년생들의 첫 목돈마련을 지원하는 월복리적금

- **가입대상**

  만 18세이상 ~ 만38세 이하 개인(1인 1계좌)

  ※ 임의단체 및 개인사업자는 제외

- **계약기간**

  36개월

- **적립방법 및 저축금액**

  월 1만원이상 30만원이하 범위에서 원단위로 자유롭게 저축

  * 단, 만기 1개월 전까지만 저축가능

- **세금우대**

  세금우대 및 생계형저축 가입가능

  * 단, 관련 세법이 개정될 경우 세율이 변경되거나 세금이 부과될 수 있습니다

  * 생계형저축으로 가입을 원하시는 경우 영업점을 방문해 주시기 바랍니다

- **이자계산방법**

  월복리식

  * 단, 중도해지이율 및 만기후이율은 단리계산

- **이자지급방법**

  만기일시지급식

연령대별/성별 관심현황

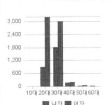

3,000	
2,400	
1,800	
1,200	
600	
0	10대 20대 30대 40대 50대 60대

■ 남자 ■ 여자

06. 개인연금신탁

개인의 노후생활 안정을 목적으로 일정기간 동안 일정금액을 적립하여 운용한 후 일정 연령이 되면 연금으로 수령할 수 있도록 한 노후대비 상품이다.

구분		개인연금신탁	연금신탁
적립기간		10년 이상	
지급기간		5년 이상	
세제혜택	연금수령 시	이자소득세 면제	연금소득세(5.5%)
	5년 미만	중도해지세	기타 소득세(22%) + 가산세(2.2%)
	5년 이상		기타 소득세(22%)
소득공제		40%, 72만 원 한도	100%, 400만 원
평가방법		장부가평가	시가평가

연금신탁

KB실버웰빙연금신탁 안정형

♥ 고객추천

상품유형	노후준비형
기준가	1,412.78 ▲ 0.83
펀드형태	추가형, 개방형, 적립식
신탁금액	매회 1만원이상 매분기 300만원(전금융기관) 이내에서 자유롭게 적립 가능 ※ 분기한도내 전금융기관 합산

판매중 | 세금우대불가

관심상품등록	용어사전		♥ 19	추천하기

상품안내	기준가격	신탁자산운용현황	상담신청

• **펀드유형**	노후준비형	• **판매시작일**	2004-05-10
• **펀드형태**	추가형, 개방형, 적립식	• **신규중지일**	별도 판매종료 고시일까지
• **세금우대여부**	세금우대불가		

상품정보

- **신탁재산운용**

  주식 및 주식관련 파생상품: 신탁재산의 10%이내
  - 대출, 채권 및 채권관련 파생상품, 유동성자산 및 기타자산: 90%이상
  (단, 채권관련 파생상품은 신탁재산의 10%이내, 대출에의 운용은 신탁재산의50%이내)

- **상품특징**

  ☑ 연간 적립금액의 100%(연간 400만원 한도, 단 2011년 이후 납입하는 금액분부터 적용) 소득공제 혜택
  ☑ 24시간 상해보험 무료 서비스 제공(일정요건 충족시)
  ☑ 납입원금은 국민은행에서 보장 및 예금자보호법에 의한 보호대상 상품

- **가입대상**

  만18세 이상의 국내거주자(타익신탁 불가)

- **신탁기간**

  - 적립기간 + 연금지급기간
  ㅇ 적립기간: 10년이상 연단위로 하되 수익자의 연령이 만55세 이상 되는때까지
  ㅇ 연금지급기간: 적립기간이 만료된 때로부터 5년이상 연단위

- **신탁금액**

  매회 1만원이상 매분기 300만원(전금융기관) 이내에서 자유롭게 적립 가능
  ※ 분기한도내 전금융기관 합산

- **세금우대 내용**

  해당사항 없음

연령대별/성별 관심현황

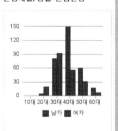

2. 증권회사 관련

01. 증권투자 관련 상품

1 펀드(Fund)

다수의 투자자로부터 자금을 모아 증권 등의 자산에 투자하고 그 수익을 투자지분에 따라 투자자에게 배분하는 집단적 · 간접적 투자상품을 말한다.

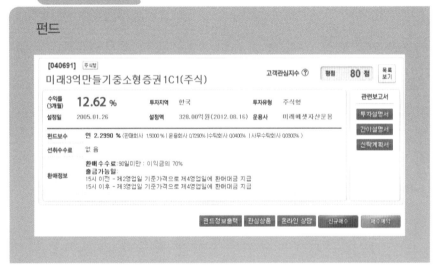

2 랩어카운트(Wrap Account)

채권, 펀드, 파생상품 등 여러 금융상품 중에서 증권사 등이 투자자에게 가장 적합한 유가증권 포트폴리오에 관한 상담결과에 따라 자산을 운용해주고 이에 부수되는 주문집행, 결제 등의 업무를 일괄 처리해준 후 수수료를 받는 '자산종합관리계좌'이다.

랩어카운트

V랩 : 상품안내

◉ I'M YOU 랩-채권펀드 선취

한국투자증권의 운용전문가가 고객님으로부터 금융투자상품에 대한 투자판단의 전부를 위임 받아 고객님의 투자목적에 맞춰 운용하는 투자서비스입니다.
동 상품은 시장 및 경제 상황에 따라 다양한 종류의 글로벌 채권을 능동적 자산 배분하여 이를 바탕으로 안정적인 수익을 추구합니다.

온라인상담 | 계약권유문서 | 약관

◉ 상품개요

구분	주요내용
투자등급	중위험(3등급)
계약기간	1년(자동연장)
최소가입금액	2,000만원 이상
입출금가능여부	1) 추가 입금: 가능(단, 500만원 이상) 2) 일부 출금: 불가
투자대상 유가증권	집합투자증권 및 예수금 등
운용방법	
운용전략	핵심 전략(중장기적 전망에 따른 자산배분, 글로벌 채권혼합펀드 등에 투자)과 주변 전략(단기적 전망에 따른 하이일드 채권 및 이머징 국가 채권 등을 일부 투자)으로 포트폴리오를 구성, 시장에 유연하게 대처하면서 리스크의 구성요소를 분리합니다.
수수료	일임수수료: 선취 0.5% + 후취 0.7%(분기별, NAV 기준)
중도해지수수료	없음 (단, 환매수수료 부과 기간 이전 환매 시 환매수수료가 발생될 수 있음)

3 ELD · ELS · ELF

개별 주식의 가격이나 주가지수에 연계되어 투자수익이 결정되는 유가증권 상품이다.

구분	ELD (주가지수연동예금)	ELS (주가지수연동증권)	ELF (주가지수연동펀드)
발행회사	은행	증권회사	자산운용회사
판매회사	은행	증권회사	은행, 증권회사
예금보호	O	×	×
원금보장	O	×	×
형태	정기예금	유가증권	유가증권

주가지수연동증권(ELS)

부자아빠 ELS 제3086회

기초자산	KOSPI200, S&P500	**원금보장여부**	원금비보장형
상품유형	2지수 스텝다운형(90-90-85-85-80-80/55)	**예상수익률(세전)**	연 8.00%
청약기간	2012.08.14 ~ 2012.08.17	**최저청약한도**	100만원 (100만원 단위)
상품특징	6개월 단위 자동조기상환 평가일에 모든 기초자산이 조건 충족 시 연 8.00% 수익 지급!		

간이투자설명서 ▸투자설명서 ▸상품요약서   ▸청약하기 ▸온라인상담 ▸청약중 상품보기

상품정보   기준가(공정가액)   공지사항

※ 준법감시인 심사필 제2012-0924호(2012.08.14~2012.08.17)

▶ **상품개요**

구분	내용
모집한도	100 억원
청약기간	2012.08.14~2012.08.17(13시30분)
상품유형	원금비보장 / 자동조기상환형 Step down형 (90-90-85-85-80-80/55(종가))
기초자산	KOSPI200, S&P500
원금포함 최고수익률	124.00% (연 8.00%)
원금포함 더미	124.00% (연 8.00%)
만기/상환주기	3年/6개월
최초기준가격 평가일	2012.08.17

4 주식워런트증권(ELW)

특정 대상물을 사전에 정한 미래의 시기에 미리 정한 가격으로 살 수 있거나(콜) 팔 수 있는(풋) 권리를 갖는 유가증권을 말한다.

주식워런트증권(ELW)

■ 기초자산 및 종류

■ 기초 자산
- KOSPI 100 구성종목(주식), KOSPI 200 지수 , 주식바스켓

■ 종류

콜 워런트 (Call Warrant)	기초자산을 사전에 미리 정한 가격(권리행사가격)으로 당해 주식워런트증권을 발행한 증권회사로부터 인수하거나 그 차액(만기평가가격-권리행사가격)을 수령할 수 있는 권리가 부여된 워런트
풋 워런트 (Put Warrant)	기초자산을 권리행사가격으로 당해 주식워런트증권을 발행한 증권회사에 인도하거나 그 차액(권리행사가격-만기평가가격)을 수령할 수 있는 권리가 부여된 워런트

· 현재는 현금결제(차액을 현금으로 정산) 방식으로만 이루어짐
■ 바스켓 ELW
· IT, 금융 등 특정 업종이나 종목군을 하나의 바스켓으로 종목화한 것. 여러 개의 종목을 함께 거래하는 것과 같은 효과를 낼 수 있습니다.

종목구성	최대 5종목까지 편입 (Ex. 삼성전자+하이닉스)
종목구성비율 예시	삼성전자 100%, 하이닉스 500%(삼성전자 1주와 하이닉스 5주로 구성된 바스켓)
기초자산 가격 산정	바스켓 편입종목에 대한 가격을 구성비율에 따라 가중평균함. 삼성전자100%, 하이닉스500% 일 때 기초자산 가격 = (삼성전자주가 *1 + 하이닉스주가 * 5)

· 위와같이 계산된 기초자산 가격과 행사가격, 전환비율를 고려해서 만기 시 손익 계산됨.

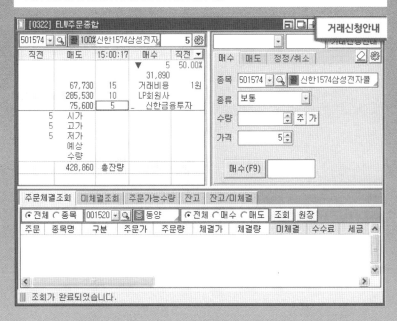

5 상장지수펀드(ETF)

상장지수펀드를 안정적인 수익률이 장점인 인덱스 펀드에 개별 주식의 높은 환금성이
더해진 펀드이다. 특정한 주가지수의 움직임을 따라가도록 운용되는 것으로 거래소에
상장되어 주식처럼 거래된다.

여기서 잠깐

상장지수펀드(ETF)

[060703]
우리다이나믹골드&오일특자1A1(원자재-파생)

고객관심지수 ⑦   평점 **70** 점   목록보기

수익률 (3개월)	-	투자지역	글로벌	투자유형	특별자산파생
설정일	2012.07.03	설정액	.00억원 (2012.08.16)	운용사	우리자산운용

관련보고서
투자설명서
간이설명서
신탁계획서

펀드보수   연 **1.5600 %** (판매회사 0.7000 % | 운용회사 0.8000% |수탁회사 0.0400% | 사무수탁회사 0.0200%)

선취수수료   가입금액의 1%(선취)

환매정보
환매수수료:90일 미만 : 이익금의 70%
출금가능일:
17시 이전 - 제3영업일 기준가격으로 제4영업일에 환매대금 지급
17시 이후 - 제4영업일 기준가격으로 제5영업일에 환매대금 지급

펀드정보출력   관심상품   온라인 상담   신규매수   매수예약

상품개요   수익률   운용내역   기준가정보   결산정보   보고서자료

❯ 상품정보
► 금, 원유를 기초자산으로 하는 선물 및 ETF에 주로 투자하는 펀드

❯ 상품개요

펀드유형	특별자산파생	펀드규모	1,266,271.00
설정일	2012.07.03	기준가	984.43 (▲1.67)
가입대상	개인 및 법인	판매채널	☑온라인 ☑영업점 ☐판매완료
운용사	우리자산운용	운용역	ETF운용팀
수탁(자산보관)회사	하나은행	환매방식	개방형
투자지역	글로벌	투자통화	KRW

3. 보험회사 관련

01. 보장성 보험

각종 위험보장에 중점을 두어 보험 본래의 기능에 충실한 보험으로 사망을 보장하는 종신보험과 정기보험, 재해사고를 보장하는 일반재해보험과 교통재해보험, 암보험, 치명적 질병 시 의료비 보장 등에 중점을 둔 질병보장보험으로 구분한다.
보험형태에 따라 보장기능뿐 아니라 저축의 기능을 겸비한 상품으로, 이자만으로 보장을 받고 만기에는 기납입보험료를 받을 수 있는 만기환급형과 만기급부가 없는 대신 저렴한 보험료로 보장하는 보장기능이 충실한 순수보장형 보험으로 분류할 수 있다.

02. 저축성 보험

목적자금을 설계하는 보험으로 보험기간은 일반적으로 10~15년이다. 보험차익 비과세 기간의 연장으로 보험기간이 장기화되는 추세에 있으며, 금리체계에 따라 금리확정형·금리연동형·실적배당형으로 구분된다.

03. 연금보험

안정된 노후생활을 하기 위한 보험으로 생존보험의 대표적인 상품이라 할 수 있다.
연금보험은 소득공제혜택을 받을 수 있는 세제적격 개인연금저축과 소득공제는 받을 수 없으나 보험차익 비과세 혜택은 받을 수 있는 일반연금으로 분류할 수 있다.

04. 유니버셜보험 · 변액보험 · 변액유니버셜보험

1 유니버셜보험

하나의 생명보험 안에 보험요소와 적립요소를 명확히 분리 운영하여 보험계약자가 생활여건의 변화로 인한 재정적 목적의 변화를 상호 독립된 보험요소와 적립요소를 통해 소화할 수 있고, 적립요소에 현재의 시장이율이 적용되도록 설계하는 보험으로 보험료 납입이 자유롭고 적립액의 일부를 인출할 수 있다는 것과 종신보장을 제공하며 적립액을 회사의 공시이율로 적립한다는 특징이 있다.

2 변액보험

고객이 납입한 보험료를 모아 펀드를 구성한 후 주식 · 채권 등에 투자하여 발생한 이익을 배분하여 주는 투자실적 배당형 보험상품으로서, 투자실적에 따라 사망보험금과 해약환급금이 변동한다. 최저보증이율이 없으며, 투자실적 악화 시 원금손실도 가능하기 때문에 계약자의 자기책임 원칙과 반대로 경제환경의 변화에 기민하게 대응하는 자산운용이 가능하고 주식이나 채권의 매매차익 등을 직접 고객에게 환원하여 보험금의 실질적인 보정이 가능하다는 특징이 있다.

3 변액유니버셜보험

변액보험의 투자기능에다 유니버셜보험의 보험료 납입의 유연성과 보험금의 자유로운 증감 등의 특성을 결합시킨 보험상품이다.

변액유니버셜상품

상품명		동부생명 베스트플랜 변액유니버설교육보험
의무납입기간		교육플랜 : 5, 7, 10, 12, 15, 20년 / 적립플랜 : 종신납
최소(최저)보험료		10만 원 이상
추가납입	시기	계약 1개월 후부터 가능
	한도	기본보험료 200% 한도
	수수료	2.00%
사망보험금 보증비용(GMDB)		0.05%
중도인출	횟수	연 12회 인출 가능
	한도	1회당 해약환급금의 70% 한도 가능
	수수료	인출금액의 0.2%와 2,000원 중 적은 금액
보험료할인혜택		월납입 기본보험료 50만 원 이상 100만 원 미만 : 0.5% 100만 원 이상 200만 원 미만 : 1.0% 200만 원 이상 : 1.5%
펀드자동 재배분기능	한도	연 4회 이내 신청과 취소 가능
	기간	매 3, 6, 12개월마다 재배분
납입일시 중지기능		계약일로부터 5년 경과 후 최대 36개월까지 가능
펀드변경	한도	연 12회 변경 가능
	완료 기간	변경요구일 + 제5영업일
특이사항		일반적인 변액유니버셜(적립형)이 아닌 교육플랜 선택 시 연 0.60%의 중도지급보험금보증비용이 차감됨 ※ 교육플랜이란 유지기간 중 독립자금, 교육자금 등의 목적으로 자녀가 특정 연령대 해당 일에 계약자 적립금에서 지급하는 기능

PART
주식의 기초

02

장 **주식의 개념**

1. 주식의 의의

01. 주식의 의미 : 자본의 구성단위, 주주권

1 액면금액은 100원 이상, 100원 / 200원 / 500원 / 1,000원 / 2,500원 / 5,000원

2 액면금액 × 발행주식 총수 = 자본금, 시가발행 시 액면초과금액의 총액은 자본잉여금

02. 주식회사설립

1 발기설립
발기인이 설립 시 발행되는 주식의 총수를 인수(1인 회사도 가능)

2 모집설립
일부를 발기인이 인수, 나머지는 발기인 이외의 주주로부터 모집

03. 주식의 특징

구분	주식
자금조달방법	자기자본
소유자의 지위	주주
존속기간	영구증권
원금상환의무	×
경영참여권리	○
원금상환권리	잔여재산분배 청구권

2. 주식의 종류

배당 및 잔여재산	보통주	표준이 되는 보통의 주식(일반적인 주식)
	우선주	이익배당이나 잔여재산 분배 등에서 우선적 지위
	후배주	이익배당이나 잔여재산 분배 등에서 후위적 지위
	혼합주	이익배당에 있어서는 우선적 지위, 잔여재산 분배에 있어서는 후위적 지위(우선주 + 후배주)
의결권 여부	의결권주	의결권 ○(경영참여에 관심)
	무의결권주	의결권 ×(경영참여에 무관심)
액면표시 여부	액면주	액면가 ○(우리나라는 원칙적으로 액면주)
	무액면주	액면가 ×(선진국 등에서 적용)
기명 여부	기명주	주주명부에 주주로써 기재 ○
	무기명주	주주명부에 주주로써 기재 ×(유통이 편함)
기타	상환주식	회사가 일정한 요건하에서 이익을 가지고 소각할 수 있는 주식
	전환주식	한 종류의 주식을 다른 종류의 주식으로 전환할 수 있는 권리가 부여된 주식(보통주 ↔ 우선주)

3. 기업공개와 상장

01. 기업공개

1 개인이나 소수의 주주로 구성되어 있는 폐쇄기업이 증권시장에 신규상장하기 위하여 주식의 분산요건을 갖추기 위한 공모행위(상장의 이전단계)

2 발행시장에서 이루어짐

02. 상장

1 한국거래소가 정한 일정한 요건을 충족하는 증권에 대하여 증권시장에서 거래될 수 있도록 자격을 부여한 것(발행인의 신청에 의한 상장)

2 유통시장에서 이루어짐

3 신규상장의 종류
- ㉠ 공모상장 : 주권분산 → 자금조달 → 상장
- ㉡ 직상장 : 주권분산 절차 없이 바로 상장(코스닥 → 유가증권시장)

4 상장의 효과
- ㉠ 직접자금 조달기회 및 능력의 증대
- ㉡ 기업의 홍보효과와 공신력 제고
- ㉢ 종업원의 사기진작과 경영권의 안정효과
- ㉣ 투자자본의 회수효과
- ㉤ 소유와 경영의 분리 가속화
- ㉥ 구조조정의 추진이 용이

2장 주식시장

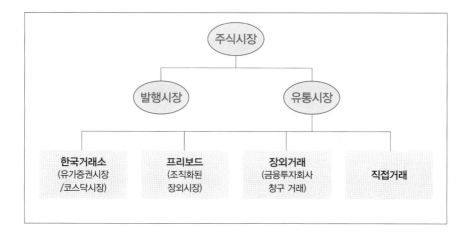

1. 발행시장

01. 발행시장의 의의

1 자금의 수요자인 발행인(발행주체)으로부터 자금의 공급자인 투자자에게 이전되는 시장

2 1차적 시장, 종적 시장

02. 발행시장의 기능

1 자금조달기능

기업의 입장에서 장기적으로 자금을 조달

2 자본집중기능

불특정 다수 투자자의 자금이 증권을 매개로 수요자에게 자본집중

3 최초의 소유분산기능

불특정 다수의 투자자들을 대상으로 주식을 발행하여 많은 사람들에게 배분을 통하여 기업의 소유를 분산시키는 기능

4 경제조정기능

금융정책을 통한 물가안정, 금리안정 등으로 경기를 조절하는 등의 경제조정기능

5 투자수단제공기능

다양하고 효율적인 투자 수단 제공

03. 증권의 발행형태

1 공모(50인 이상) vs 사모(50인 미만)

공모 → 모집(새로 발행되는 증권의 청약 권유), 매출(기 발행된 증권의 청약 권유)

2 직접발행과 간접발행

※ 용어 : 발행인(발행주체), 발행기관(인수기관), 투자자
- ㉠ 직접발행
  - 발행인이 자기의 책임과 계산으로 발행위험을 부담하고 발행사무를 모두 담당하여 발행하는 것(직접모집 또는 자기모집)
  - 모집할 능력이 충분하거나, 발행규모가 적은 경우에 사용
- ㉡ 간접발행
  - 발행인이 중개인인 발행기관을 거쳐서 간접적으로 발행하는 방법으로 발행 및 모집사무 또는 발행위험을 발행기관에게 부담시켜 발행하는 것
  - 발행기관에 수수료를 지급, 대부분 간접발행 형태

3 간접발행의 구분

- ㉠ 모집주선
  - 발행기관이 수수료를 받고 발행인을 위하여 당해 증권의 모집 또는 매출을 주선(위탁모집)
  - 미소화분은 발행인이 처리해야 하므로 발행인이 발행위험 부담, 수수료가 가장 저렴
- ㉡ 잔액인수
  - 미소화분을 발행기관이 처리
  - 미소화분을 전액 인수할 수도 있고, 한도액까지 일부만 인수할 수도 있음. 계약에 따라 인수위험이 달라지고, 수수료가 달라짐. 인수위험이 클수록 수수료가 비쌈

ⓒ 총액인수 • 총액을 발행기관이 한번에 인수하고, 발행위험 및 발행·모집사무 모두를 발행기관이 책임지는 방법(인수매출)
• 간접발행의 대부분은 총액인수방식을 사용. 발행기관의 부담이 크므로 수수료가 3가지 방법 중 가장 비쌈

2. 유통시장

01. 유통시장의 의의

1 발행시장을 통하여 발행된 증권이 투자자들 상호 간에 매매·거래되는 시장

2 2차적 시장, 횡적 시장

3 발행시장과 유통시장은 상호의존적이고 보완적인 관계

4 유통시장은 크게 장내시장과 장외시장으로 구분
ⓐ 장내시장(거래소시장) : 유가증권시장/코스닥시장으로 구분, 조직화된 시장, 경쟁매매
ⓑ 장외시장 : 비조직적 시장, 상대매매(1 : 1 매매), 프리보드시장(조직화된 장외시장)

02. 유통시장의 기능

1 발행된 증권의 시장성과 유통성을 높여 투자자들의 투자를 촉진시킴으로써 발행시장에서의 장기자본조달을 원활하게 함

2 시장성과 유통성이 높으면 즉시 현금화가 가능하므로 증권의 담보력이 높아져 증권을 담보로 한 차입을 용이하게 함

3 다수의 투자자가 참여하는 자유경쟁시장이므로 유통시장에서 형성되는 증권의 가격은 공정하고 적정한 가격이라 할 수 있음

4 유통시장에서 형성되는 가격은 발행시장에서 발행될 증권의 가격을 결정함

03. 유통시장의 특징

1 완전경쟁시장

다수의 매수자와 매도자 간에 수요와 공급이 일치해야 거래되는 시장

2 구체적인 시장

매매장소를 가진 조직적인 시장

3 계속적인 시장

거래가 반복적으로 이루어지는 시장

3장 주식거래

주요시세

현재가	1,325,000	매도호가	1,326,000
전일대비	▼11,000	매수호가	1,325,000
등락률(%)	−0.82%	전일가	1,336,000
거래량	101,465	시가	1,336,000
거래대금(백만)	134,695	고가	1,336,000
액면가	5,000	저가	1,315,000
상한가	1,536,000	전일상한	1,496,000
하한가	1,136,000	전일하한	1,106,000
PER	16.87	EPS	78,522
52주 최고	1,418,000	52주 최저	751,000
시가총액	1,951,716억 원	상장주식 수	147,299,337
외국인현재	74,276천주	자본금	778,046백만

호가 ▶5단계 ▶10단계

매도잔량	매도호가	매수호가	매수잔량
1,126	1,330,000		
531	1,329,000		
503	1,328,000		
367	1,327,000		
154	1,326,000		
		1,325,000	764
		1,324,000	3,178
		1,323,000	494
		1,322,000	713
		1,321,000	1,380
4,952	잔량합계		13,620

1. 매매거래제도

01. 주식 거래를 위한 절차

계좌 개설 → 투자자금 입금 → 매매주문 → 매매거래 성립 → 주문 후 체결 여부 확인

02. 매매주문

1 매매거래의 수탁

문서, 전자통신, 전화에 의한 수탁 등

2 위탁증거금 징수

㉠ 결제이행을 위한 담보를 확보함으로써 원활한 결제를 통한 거래의 안정을 도모하기 위한 것
㉡ 회원(증권사 등)은 투자자로부터 매매주문의 위탁을 받을 때 위탁증거금 징수

3 위탁수수료 징수

투자자의 주문처리와 제공되는 각종 서비스에 대한 대가의 성격으로 회원(증권사 등)이 자율적으로 정함

4 매매거래시간

㉠ 정규시장 : 09:00~15:00
㉡ 시간 외 시장 : 장 개시 전(07:30~09:00), 장 종료 후(15:10~18:00)

5 매매거래의 종류

㉠ 당일결제거래, 익일결제거래, 보통결제거래
㉡ 주식의 일반적 매매거래는 보통결제거래(T+2, 매매계약 체결일 포함 3일 결제)

6 호가

㉠ 매수/매도를 구분하여 주문(종목, 가격, 수량 등)을 입력
㉡ 호가의 종류
- 지정가호가 : 종목, 수량, 가격 모두 지정
- 시장가호가 : 종목과 수량은 지정, 가격은 지정하지 않음, 지정가호가에 우선
- 조건부 지정가호가 : 지정가호가 + 시장가호가로써 09:00~14:50까지는 지정가호가, 미체결분이 있다면 시장가호가로 전환되어 장 종료 시 체결
- 최유리 지정가호가 : 종목과 수량은 지정, 가격은 상대호가에서 가장 유리한 가격으로 지정(매수 시에는 매도호가 중 가장 낮은 호가, 매도 시에는 매수호가 중 가장 높은 호가로 가격 지정)
- 최우선 지정가호가 : 종목과 수량은 지정, 가격은 당해 호가의 접수시점에 자기호가 방향의 최우선호가가격으로 지정(매수 시 가장 높은 매수호가 가격, 매도 시 가장 낮은 매도호가 가격 지정)
㉢ 호가의 효력
- 당일의 호가접수시간 내에서 매매거래가 성립될 때까지 효력이 지속(단, 정규시장 매매거래시간 이후에는 효력 상실)

ㄹ 호가가격단위

구분	유가증권시장	코스닥시장
1,000원 미만	1원	1원
1,000원~5,000원 미만	5원	5원
5,000원~10,000원 미만	10원	10원
10,000원~50,000원 미만	50원	50원
50,000원~100,000원 미만	100원	100원 (50,000원 이상~)
100,000원~500,000원 미만	500원	
500,000원 이상	1,000원	

7 가격제한폭

전일종가 ± 15%(단, 신규상장종목은 예외)

8 매매수량단위

유가증권시장 10주(5만 원 이상은 1주), 코스닥시장 1주

9 매매계약 체결방법

㉠ 상대매매 : 매수 · 매도 쌍방이 각각 1인, 1 : 1 거래로 장외시장에서 주로 사용
㉡ 경매매 : 매매 쌍방 중 어느 한쪽은 다수, 상대방은 1인인 입찰방식(경매시장에서 사용)
㉢ 개별경쟁매매 : 매매 쌍방이 다수(단일가격/복수가격 개별경쟁매매)
㉣ 매매체결우선의 원칙 : 가격우선 → 시간우선 → 위탁매매우선 → 수량우선

10 매매거래의 결제

㉠ 거래소에서 결제방법, 결제절차 등 결제에 관한 업무를 처리
㉡ 우리나라의 결제방식 : 실물결제방식, 차감결제방식, 집중결제방식
㉢ 결제시한 : 결제일 16:00시

2

PART

 주식투자

1. 기본적 분석

01. 기본적 분석 vs 기술적 분석

기본적 분석	▪ 내재가치 분석을 통한 매매종목 선정 ▪ 시장가치 < 본질가치(내재가치) : 저평가 → 종목선택 ▪ 주관적 방법(보는 사람마다 관점이 다르므로) ▪ 투자자의 요구수익률이 중요함(요구수익률에 따라 종목의 선택 여부 결정)
기술적 분석	과거의 주가와 거래량 분석을 통한 매매시점 선정

02. 경제변수와 주가와의 관계

변수	설명
경기	주가↑ ⇨ 경기↑, 주가는 경기에 선행
통화량	▪ 기업부문 : 통화량↑ ⇨ 자금확보 ⇨ 투자↑　　 ⇨ 수익성↑ ⇨ 주가↑ ▪ 민간부문 : 통화량↑ ⇨ 자금확보 ⇨ 주식투자 ⇨ 증시활황 ⇨ 주가↑ ▪ 통화량↑ ⇨ 단기적으로 이자율↓(유동성 효과) ▪ 이자율↓ ⇨ 투자↑(국민소득↑) ⇨ 화폐수요↑ ⇨ 이자율↑(소득효과) ▪ 화폐공급↑ ⇨ 인플레이션 발생 ⇨ 명목금리↑(피셔효과) ※ 통화량 증가는 단기적으로는 주가에 긍정적인 영향을 주지만, 장기적으로는 이자율 　을 상승시켜 주가에 부정적인 영향을 준다.
금리	이자율↑ ⇨ 자금조달↓ ⇨ 설비투자↓ ⇨ 매출↓ ⇨ 주가↓
물가	▪ 완만한 물가 상승 ⇨ 실물경기↑ ⇨ 기업수지개선 ⇨ 주가↑ ▪ 급격한 물가 상승 ⇨ 금융자산투자↓ ⇨ 실물자산투자↑ ⇨ 주가↓ ▪ 디스인플레이션 ⇨ 물가↓, 금리↓ ⇨ 금융자산투자↑ ⇨ 주가↑ ▪ 스태그플레이션 ⇨ 비용↑, 구매력↓ ⇨ 기업수지악화 ⇨ 주가↓
환율	환율↑ ⇨ 수출↑, 수입↓ ⇨ 수익성↑ ⇨ 주가↑
원자재	원자재 가격↑ ⇨ 국내제품 생산비 및 가격↑ ⇨ 판매량↓ ⇨ 주가↓
외국인 투자	외국인 투자↑ ⇨ 국내 자본 유입↑ ⇨ 주가↑

03. 기업분석

1 재무비율분석

재무비율분석		
재무제표들을 구성하고 있는 각종 항목들 간의 관계를 이용하여 해당 기업이 우량기업인지 부실기업인지를 판단해 보는 것		
수익성 지표	기업이 보유하는 자산에 대한 수익창출 능력을 측정하는 지표	
	총자본 이익률(ROI)	기업의 생산활동에 투입된 자본(타인자본 + 자기자본)의 효율적 운용 측면을 측정
	자기자본 이익률(ROE)	타인자본을 제외한 순수 자기자본의 효율적 운용 측면을 측정
	납입자본 이익률	납입자본에 대한 수익성 측정 지표, 투자자에게 지급되는 배당률의 산정을 목표로 함
	매출액순 이익률	전반적으로 기업의 경영활동이 얼마나 합리적으로 이루어졌는지 평가
	매출액영업 이익률	진정한 기업의 영업활동 효율성을 판단하는 지표(영업활동과 관계없는 비용을 제외하고 계산)
안정성 지표	기업이 단기적인 채무지급능력을 갖추고 있는지의 여부와 장기적으로도 경기변동이나 시장여건의 변화 등 기업 내외적인 경제여건의 변화에 대응할 수 있는 능력을 지니고 있는가를 측정하기 위한 분석	
	유동비율	단기채무능력을 알아보고자 측정하는 지표
	부채비율	타인자본과 자기자본이 차지하는 비율을 측정하는 지표로써 자본구성의 건전성을 파악할 수 있음
	고정비율	자본사용의 적절성을 평가하기 위한 지표
	이자보상비율	기업의 영업이익이 이자비용의 몇 배인지 평가하기 위한 지표
활동성 지표	기업에 투하된 자본이 기간 중 얼마나 활발하게 운용되었는가를 나타내는 것으로서 기업의 매출액과 각 자산구성액과의 관계를 비교하는 회전율로써 측정	
	총자산 회전율	기업이 매출활동에서 보유한 총자산을 몇 번이나 활용하는가를 측정하는 지표, 높을수록 활발하다고 할 수 있음
	고정자산 회전율	기업의 고정자산에 대한 활용 정도를 측정하는 지표, 고정자산의 과대 또는 과소투자 여부를 평가할 수 있음
	재고자산 회전율	기업 판매의 활용 정도를 측정하는 지표, 비율이 높을수록 재고자산이 적어 더 많은 제품을 생산할 필요가 있다는 신호임

성장성 지표	개별기업이 일정기간 동안 얼마나 성장하고 있는가 또는 균형적 성장을 하고 있는가의 여부를 측정하는 것	
	매출액 증가율	전년대비 매출액이 얼마나 증가했는지 측정하는 지표, 산업 전체평균과도 비교해야 함
	총자산 증가율	기업 규모의 성장에 대해 측정하는 지표
	영업이익 증가율	전년대비 영업이익의 증가율을 측정하는 지표로써 기업의 영업활동이 얼 마나 효율적이었는지 측정하는 지표

2 시장가치비율분석

시장가치비율분석	
증권시장에서 해당 기업의 주식가격을 주당 이익이나 장부가치 등의 주식과 관련된 각종 비율로 나타내서 투 자자 및 전문가들이 기업의 가치를 어떻게 바라보는가를 파악할 수 있는 것	
주당순이익(EPS)	▪ 해당 사업연도에 발생한 당기순이익을 발행총주식 수로 나눈 것 ▪ 주식 1주가 1년간 벌어들인 순이익을 나타내는 것으로 주식투자의 중심지표가 됨 ▪ 주당순이익이 높을수록 주식의 투자가치는 높다고 볼 수 있음. 즉, 주당순이익이 크면 클수록 주식가격이 높은 것이 일반적임

배당성향	▪ 당기순이익 가운데 배당금으로 지급되는 부분을 백분율로 표시
	▪ 배당성향이 높으면 주주에게 지급되는 배당이 많아짐
	▪ 배당성향이 높으면 재무구조의 악화요인이 됨
	  → 사내에 유보를 할 수 없기 때문에(사내에 자금을 축적할 수 없기 때문에)
	▪ 배당성향이 낮으면 사내유보율이 높고, 다음 기회에 배당 증가나 무상증자의 여력
	이 있음
	  → 사내에 자금이 풍부하게 축적되어 있기 때문에 여러 가지 기회가 생김
	▪ 이렇듯 배당성향은 배당이나 증자예상을 위한 지표가 됨

주가수익비율(PER)	▪ 주가를 주당순이익(EPS)으로 나눈 것
	▪ 일반적으로 PER가 낮을수록 저평가되었다고 판단
	  → 현재 주가보다 주당순이익이 높다는 의미이므로
	▪ PER가 높다면,
	  → 주당순이익은 평균인데 주가가 높은 경우(기업의 성장가능성을 높게 평가)
	  → 주가는 평균인데 주당순이익이 낮은 경우(기업의 수익성이 악화되었다고 판단)

주가순자산비율
(PBR)
	• 주가를 주당순자산(BPS)으로 나눈 것
	• 일반적으로 PBR이 낮을수록 저평가 되었다고 판단
	  → 현재 주가보다 주당순자산이 높다는 의미이므로
	• PER가 기업의 수익성과 주가를 평가하는 지표인데 비해 PBR은 기업의 재무상태
	  면에서 주가를 판단하는 지표임
	• PBR이 높다면,
	  → 주당순자산은 평균인데 주가가 높은 경우(기업의 성장가능성을 높게 평가)
	  → 주가는 평균인데 주당순자산이 낮은 경우(기업의 자산건전성이 악화되었다고
	    판단)

주가현금흐름비율
(PCR)
	• 주가를 주당현금흐름으로 나눈 것
	• 기업의 성장성, 수익성 등을 평가
	• PCR은 개별기업의 최대 자금동원능력 등 위기상황에 대한 대처능력을 내포하고
	  있어 경기침체 또는 시중자금난이 심화되었을 때 기업의 안정성을 나타내는 투자
	  지표로 활용
	• 일반적으로 PCR이 낮으면 저평가되어있다고 할 수 있음
	  → 현재 주가보다 주당현금흐름이 높다는 의미이므로
	• PER는 높지만 PCR이 낮으면 현 주가는 낮은 수준이라고 할 수 있음
	• PER는 낮지만 PCR이 높으면 현 주가는 낮다고 할 수 없음

주가매출액비율 (PSR)	• 주가를 주당매출액으로 나눈 것 • PER의 대체수단 → 수익이 나지 않거나, 주당순이익이 (−)이면 PER를 구할 수 없으므로
토빈의 q	• 기업의 부채 및 자기자본의 시장가치를 보유자산의 대체비용으로 나눈 것 • 원래 인수, 합병과 관련된 기업의 청산가치를 알아보기 위한 지표로 쓰임
배당수익률	• 주식 1주를 보유함으로써 얼마의 현금배당을 받을 수 있는지를 보는 것(시장가치 기준) • 주가가 높을수록 배당수익률은 하락함
배당률	• 우리나라에만 있는 독특한 것으로 주주에게 배당 지급 시 주식 액면가격을 기준으 로 지급 • 배당수익률(시장가치 기준)과 배당률(액면가격 기준)은 다름

2. 기술적 분석

01. 기술적 분석의 의의

정의	주가와 거래량의 과거흐름을 분석하여 주가를 예측하고 매매시점을 선택하기 위한 분석
기본가정	▪ 증권의 시장가치는 수요와 공급에 의해서만 결정 ▪ 주가는 지속되는 추세에 따라 상당기간 동안 움직이는 경향이 있음 ▪ 추세의 변화는 수요와 공급의 변화에 의해 일어남 ▪ 주가모형(추세나 패턴)은 스스로 반복하는 경향이 있음
장점	▪ 매매시점의 포착이 어렵고, 수요자 및 공급자의 심리적 요인을 반영하지 못하는 기본적 분석의 한계점을 보완 ▪ 주가의 장기적인 변화추세까지는 모르더라도 그것이 변화할 것이라는 것과 변화의 방향은 알 수 있음
단점	▪ 과거의 주가추세나 패턴이 반복된다는 가정이 비현실적임 ▪ 주가변화의 시발점에 대한 해석이 다를 수 있음 ▪ 시장이 변화하는 원인을 분석할 수 없음

02. 차트의 분석

		차트의 분석
정의		추세(주가가 일정기간 지속함), 패턴(일정한 패턴으로 움직임), 지표 분석 등을 통하여 매수 및 매도시점을 파악하기 위한 분석
차트의 종류	선차트	매일매일의 종가를 직선으로 연결한 도표로 개별주식의 종가뿐만 아니라 매일매일의 주가지수를 직선으로 연결하여 시장추세를 나타냄
	바차트 (미국식 차트)	미국 등에서 많이 사용하며 가격의 고가, 저가, 종가에 대한 정보를 표시하는 방법
	봉(캔들)차트 (일본식 차트)	일본에서 시작된 것으로 시가, 고가, 저가, 종가의 정보를 동시에 표시하는 방법 → 시가 < 종가 = 양봉(적색 또는 흰색) → 시가 > 종가 = 음봉(청색 또는 흑색)
	점수도표	매일매일의 주가변화를 그대로 나타내는 것이 아니라 가격변동의 일정한 폭을 정해놓고 주가가 이 기준폭 이상으로 변동할 때마다 일정한 기호로서 가격변동의 방향과 크기를 그려 나가는 방법(미세한 변화는 기록하지 않음)

03. 엘리엇 파동이론

엘리엇 파동이론		
정의	주가의 변동은 일정한 법칙하에 반복적으로 움직인다는 사실을 이론화한 것	
엘리엇 파동의 구성	상승 5개 파동과 하락 3개 파동으로 구성(총 8개 파동)	
	상승 5파	1파, 2파, 3파, 4파, 5파
	하락 3파	a파, b파, c파
	충격파동은 5개의 소파동, 조정파동은 3개의 소파동으로 구성	
	충격파동	1파, 3파, 5파, a파, c파 → 시장방향과 같은 방향
	조정파동	2파, 4파, b파 → 시장방향과 반대방향

⟨엘리엇 파동⟩

04. 추세분석

추세분석		
추세란?	추세란 주가가 제멋대로 움직이는 것처럼 보이지만 실제로는 일정기간 동안에 같은 방향으로 움직이려는 경향을 보이는 것을 말함	
저항선과 지지선	저항선	저항은 어느 일정한 기간 동안 매입세력에 대한 매도세력으로, 상승저항을 받고 있는 고점들을 선으로 연결한 것

저항선과 지지선	**지지선**	지지는 어떤 기간에 있어서 주가하락추세를 멈추는 데 충분한 매입과 매입하고자 하는 세력을 말하며, 저점을 선으로 연결시켜 놓은 것
	이용방법	▪ 직전 최고점 → 저항선 역할, 직전 최저점 → 지지선 역할 ▪ 장기간에 형성된 저항, 지지선이 중요 ▪ 최소한의 가격예측 가능 ▪ 저항선 및 지지선 돌파 시 → 급격한 추세 형성
	돌파 시 전략	▪ 저항선 상향돌파 → 매수시점(저항선이 지지선으로 바뀜) ▪ 지지선 하향돌파 → 매도시점(지지선이 저항선으로 바뀜)
추세선		▪ 고점, 저점 중 의미 있는 두 고점 또는 저점을 연결한 직선 ▪ 상승추세선(저점이 상승), 하락추세선(고점이 하락), 평행추세선(저점이 수평) → 상승추세선과 평행추세선은 저점끼리 연결, 하락추세선은 고점끼리 연결해서 만듦
		 〈상승추세선〉　〈하락추세선〉　〈평행추세선〉
	추세대(추세통로)	▪ 상승추세대(저항선과 지지선 모두 상승, 지지선이 중요) ▪ 하락추세대(저항선과 지지선 모두 하락, 저항선이 중요) ▪ 평행추세대(저항선과 지지선이 수평, 지지선이 중요)
		 〈상승추세대〉　〈하락추세대〉　〈평행추세대〉

05. 기타 기술적 분석 관련

1 캔들차트 분석

봉(캔들) 차트가 발생할 때의 모양을 분석해서 상승/하락 신호를 찾아냄

2 패턴 분석

주가의 움직이는 패턴을 분석해서 현재의 추세가 지속될 것인지(지속형), 반전될 것인지 (반전형)에 대한 신호를 찾아냄

3 지표 분석

여러 가지 기술적 지표들을 분석해서 매매 신호에 활용함

MEMO

PART 채권의 기초

PART 03 채권의 기초

 1장 채권의 개념

1. 채권의 의의 및 용어 정리

01. 정부나 기업이 투자자들로부터 비교적 장기의 자금을 일시에 대량으로 조달하기 위해 발행하는 채무표시 증권

02. 채권의 기본적 특성

1 발행자격의 법적 제한

보통의 차용증서와는 달리 법적인 제약과 보호를 받음

2 이자지급 증권

발행자의 수익발생 여부와 관계없이 이자를 지급해야 함(확정이자부 증권, 발행 시 이자와 상환금이 확정되므로 발행자의 원리금 지급능력이 중요)

3 기한부 증권

주식과는 달리 원리금에 대한 상환기간이 정해져 있음

4 장기증권

상대적으로 상환기간이 장기임

차세대 금융리더를 위한 금융자격증 입문서

구분	채권
자금조달방법	타인자본
소유자의 지위	채권자
존속기간	기한부 증권
원금상환의무	○
경영참여권리	×
원금상환권리	우선적으로 원리금 지급

03. 채권 관련 기본용어

1 액면가

채권 권면에 표시된 금액

2 표면이율

채권 권면에 표시된 이율

3 발행일과 매출일

채권의 신규창출 기준일을 발행일이라 하고, 실제로 채권이 신규창출된 날을 매출일이라 함

4 만기기간

발행일 ~ 원금상환이 이루어지기까지의 기간

5 경과기간

발행일 or 매출일 ~ 매매일까지의 기간

6 잔존기간

매매일 ~ 만기일까지의 기간

7 이자지급 단위기간

이자가 나뉘어 상환되는 단위기간

8 만기수익률(시장수익률, 유통수익률, 내부수익률)

채권의 수급(수요와 공급)에 의해 채권의 시장가격을 결정하는 이자율의 일종으로, 주식시장에서 주식가격이 계속 변하듯 채권시장에서는 만기수익률이 계속해서 변하면서 채권가격을 변화시킴

9 단가

채권시장에서 형성된 만기수익률에 의해 결정된 채권매매가격(일반적으로 액면 10,000원을 기준으로 산정. 표시됨)

2. 채권의 분류

01. 발행주체에 따른 분류 : 국채(정부가 발행), 지방채(지방자치단체가 발행), 특수채(특별법에 의해 설립된 법인이 발행), 회사채(상법상 주식회사가 발행)

02. 보증 여부에 따른 분류 : 보증사채(제3자가 보장하는 회사채), 무보증사채(대부분의 형태)

03. 이자 및 원금지급방법에 따른 분류

1 복리채

이자지급기간 동안 이자가 복리로 재투자되어 만기일에 원금과 이자를 동시에 지급하는 채권(↔ 단리채 : 발생된 이자가 재투자되지 않음)

2 할인채

만기 시까지의 총이자를 채권발행 혹은 매출 시에 미리 공제하는 방식으로 선지급하는 형태의 채권(무이표채 또는 순수할인채권)

차세대 금융리더를 위한 금융자격증 입문서

3 이표채

정해진 단위기간마다 이자를 주기적으로 지급하는 방식의 채권(이표채는 만기 이전에 현금흐름이 발생하고, 나머지 형태는 현금흐름이 발생하지 않음. 대부분의 회사채가 이표채 형태를 취함)

04. 만기기간에 따른 분류 : 단기채, 중기채, 장기채

05. 표시통화에 의한 분류 : 자국통화표시 채권, 외화표시 채권

06. 기타

1 자산유동화증권(ABS)

자산에서 발생하는 현금흐름으로 원리금을 상환하는 증서

2 금리변동부채권(FRN)

일정 단위기간마다 정해진 기준금리에 연동된 표면이율에 의해 이자를 지급하는 채권

3. 옵션이 부여된 채권

01. 수의상환채권(Callable bond)

1 채권의 만기일 이전에 당해 채권을 매입할 수 있는 권리를 채권발행자에게 부여한 채권으로, 채권발행자가 원리금을 조기에 상환할 수 있는 권한을 부여한 채권(투자자 입장에서 불리함)

2 수의상환채권의 가치 = 일반채권의 가치 − 콜옵션가치

02. 수의상환청구채권(Puttable bond)

1 채권의 만기일 이전에 채권투자자가 채권의 발행자에게 당해 채권을 매도할 수 있는 권리를 지님으로써, 채권원리금의 수의상환을 요구할 수 있는 권한을 지닌 채권(투자자 입장에서 유리함)

2 수의상환청구채권의 가치 = 일반채권의 가치 + 풋옵션가치

4. 특수사채

01. 전환사채(Convertible Bond ; CB)

1 전환사채를 보유한 투자자가 일정기간 동안 일정한 가격(전환가격)으로 발행기업의 주식으로 바꿀 수 있는 권리가 부여된 유가증권

2 투자자 입장에서 투자기간 동안 전환대상이 되는 주식의 가격이 상승하면 주식으로 전환해서 주가상승의 효과를 누릴 수 있고, 반대로 주가가 낮은 상황이라면 확정된 원리금을 지급받을 수 있으므로 유리함(투자자에게 유리하므로 낮은 표면이율을 지급하게 됨)

3 기업 입장에서는 일반사채보다 낮은 이율로 자금을 조달할 수 있음

02. 신주인수권부사채(Bond with Warrants ; BW)

1 채권의 발행회사가 발행하는 신주식을 일정한 가격(행사가격)으로 인수할 수 있는 권한이 부여된 회사채

2 신주를 인수하기 위해서는 별도로 주식금액을 납입해야 함(전환사채는 원리금 대신 발행회사의 주식으로 전환하는 것이지만, 신주인수권부사채는 사채에 대한 원리금 지급의무는 그대로 있고, 여기에 추가로 신주를 인수할 수 있는 권리를 부여한 것이므로 신주를 인수하고 싶다면 별도로 주식금액을 납입해야 함)

3 신주인수권과 사채를 분리해서 신주인수권만을 양도할 수도 있음

4 전환사채 vs 신주인수권부사채

구분	전환사채	신주인수권부사채
권리	전환권	신주인수권
권리행사 후 사채권	사채소멸	사채존속
추가자금 소요 여부	추가자금 ×	추가자금 O (신주를 인수한다면)
신주취득 가격	전환가격	행사가격
신주취득 한도	사채금액과 동일	사채금액 범위 내

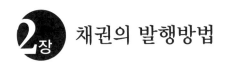

2장 채권의 발행방법

1. 채권의 발행방법

01. 사모발행(50인 미만), 공모발행(50인 이상)

02. 공모발행의 종류

1 직접모집 : 매출발행, 공모입찰발행

　㉠ 매출발행
- 채권의 만기기간, 발행이율, 원리금지급방법 등 발행조건을 미리 정한 후 일정기간 내에 개별적으로 투자자들에게 매출하여 매도한 금액 전체를 발행총액으로 삼는 방법

　㉡ 공모입찰발행
- 미리 발행조건을 정하지 않고 가격이나 수익률을 다수의 투자자들로부터 응찰응모를 받아, 그 결과를 기준으로 발행조건을 결정하는 방법

공모입찰발행의 종류	
복수가격(수익률) 경매방식	• Conventional Auction 혹은 American Auction이라 불림 • 각 응찰자가 제시한 응찰수익률을 낮은 수익률(높은 가격) 순으로 배열하여 발행 예정액에 달할 때까지 순차적으로 낙찰자를 결정하는 방법 • 복수의 가격(수익률)이 존재
단일가격(수익률) 경매방식	• Dutch Auction이라 불림 • 복수가격(수익률) 경매방식과 마찬가지로 발행예정액에 달할 때까지 순차적으로 낙찰자를 결정하고, 모든 낙찰자들에게 낙찰된 수익률 중 가장 높은 수익률(낮은 가격)로 통일 적용됨으로써 단일가격으로 발행이 이루어짐 • 단일가격(수익률)으로 결정

2 간접모집 : 위탁모집(모집주선), 잔액인수, 총액인수방식

3장 채권투자분석

1. 채권투자의 위험

01. 채무불이행위험(신용위험) : 채권발행자가 약속된 이자와 원금을 상환하지 않는 위험으로, 이러한 위험이 높으면 높을수록 위험프리미엄이 반영되어 발행 수익률이 높아짐

02. 가격변동위험 : 채권시장의 수요와 공급에 의해 만기수익률이 변화함으로써 채권가격이 변화하여 생길 수 있는 위험

03. 재투자위험 : 이표채의 경우 중도에 발생하는 현금흐름(이자)을 재투자하게 되었을 때 이자를 어떠한 수익률로 재투자하느냐에 따라 최종투자수익률에 차이가 발생

04. 유동성위험 : 유통시장에서 거래가 활발하게 이루어지지 않아 현금화하기 어려울 때 발생하는 위험

05. 인플레이션위험 : 채권으로부터 발생하는 수입이 물가상승률과 비교해서 얻게 되는 실질가치의 감소로 인해 발생할 수 있는 위험

06. 환율변동위험 : 외화로 표시된 채권에 투자할 경우 외화의 가치 변동으로 인해 발생할 수 있는 위험

07. 수의상환위험 : 투자자의 입장에서는 발행회사가 원리금을 조기상환함으로써 예상했던 이자를 다 받지 못하므로 투자자가 불리함. 이때 발생할 수 있는 위험

2. 채권가격과 수익률의 관계

01. 채권가격과 수익률은 반비례 관계(채권가격이 올라갈수록, 수익률은 떨어짐)

02. 채권수익률 ↔ 채권가격 변동

1 잔존기간

잔존기간이 길수록 채권가격의 변동위험은 크고, 유동성이 줄어들어 장기채일수록 수익률은 높아짐(채권가격 낮아짐)

2 표면이자율

표면이자율이 낮은 채권이 표면이자율이 높은 채권보다 같은 수익률 변동에 따른 가격변동폭이 큼(표면이자율이 낮으므로 그만큼 수급의 영향을 많이 받게 됨)

3 채무불이행위험

발행자의 신용도에 따른 채무불이행위험이 높을수록 위험프리미엄이 높아져 채권수익률이 높아짐(채권가격 낮아짐)

4 유동성

유동성이 낮을수록 유통시장에서 거래를 위한 대가로 유동성 프리미엄을 지불해야 하며, 이러한 이유 때문에 채권수익률이 높아짐(채권가격 낮아짐)

5 수요와 공급

채권은 공급보다는 수요에 영향을 더 많이 받음, 수요가 증가할수록 채권의 가격은 상승(수익률 하락)

6 시중 자금사정과 금융정책

시중자금이 풍부할 경우 채권의 수요가 증가하게 되고, 채권의 가격은 상승(수익률 하락)

7 경기 상승국면에서 기업들은 생산투자 중심의 자금수요가 증가하게 될 것이고, 채권의 발행이 늘면서 공급량이 많아져, 채권의 가격은 하락(수익률 상승)

채권투자의 위험도와 수익성 측정

1. 채권의 위험도 측정

01. 듀레이션 : 가중평균회수기간으로써 채권투자원금의 평균회수기간을 의미

02. 듀레이션의 특성

1 만기 시 일시상환채권(복리채, 단리채, 할인채)의 듀레이션은 이 채권의 잔존기간과 동일

이표채의 듀레이션은 이 채권의 잔존기간보다는 작음(만기 이전에 현금흐름이 발생하므로 채권투자원금의 회수기간이 짧아짐)

2 이표채는 표면이율이 낮을수록 듀레이션이 커짐

표면이율이 낮다는 의미는 이자를 적게 받는다는 의미이므로 채권투자원금의 회수기간이 길어질 것이므로 듀레이션이 커짐

3 이표채는 만기수익률이 높을수록 듀레이션이 작아짐

만기수익률이 높다는 의미는 채권가격이 낮다는 의미이므로, 향후 채권가격 상승으로 인한 수익이 발생할 여지가 있어 채권투자원금의 회수기간이 짧아질 것이므로 듀레이션이 작아짐

4 일반적으로 잔존기간이 길수록 듀레이션은 커짐

채권투자원금의 회수기간이 길어진다는 의미이므로 듀레이션은 커짐

2. 채권의 투자수익성 측정

01. 채권의 수익 구성요인

1 만기 시 일시상환채권(복리채, 단리채, 할인채)

가격손익(채권매도금액 − 채권매수금액)

2 이표채

가격손익, 표면이자수익(만기 이전에 이자지급), 재투자수익(만기 이전에 지급받은 이자로 투자)

02. 투자수익률의 종류

1 실효수익률

전체 투자기간 동안 모은 투자수익요인들에 의해 발생된 최종 총수입의 투자원금대비 수익성을 일정기간단위 복리방식으로 측정한 투자수익률

2 만기수익률

채권의 만기까지 단위기간별 원리금액에 의한 현금흐름의 현재가치 합을 채권의 가격과 일치시키는 할인율

　　㉠ 만기일시상환채권의 경우 채권투자 후 만기까지 보유하면 실효수익률 = 만기수익률

　　㉡ 단, 중도에 매도하거나, 이표채의 경우 재투자수익률이 최초의 만기수익률과 다를 경우 만기수익률 ≠ 실효수익률

　　㉢ 재투자수익률 > 만기수익률일 경우 만기수익률 < 실효수익률

　　㉣ 재투자수익률 < 만기수익률일 경우 만기수익률 > 실효수익률

　　㉤ 재투자수익률 = 만기수익률일 경우 만기수익률 = 실효수익률

03. 연평균수익률 : 전체 투자기간 동안 발생된 총수입인 채권의 최종가치를 투자원금인 채권의 현재가격으로 나눈 후 이를 투자연수로 나눈 단리수익률을 의미

04. 세전수익률(세금을 고려하기 전 수익률), 세후수익률(세금을 고려한 후의 수익률)

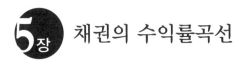

5장 채권의 수익률곡선

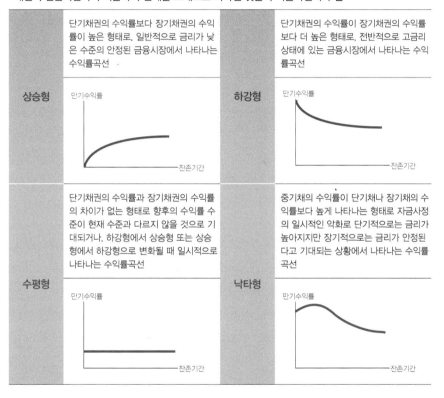

수익률곡선의 유형

채권의 잔존기간과 수익률과의 관계를 그래프로 나타낸 것을 수익률곡선이라 함

상승형	단기채권의 수익률보다 장기채권의 수익률이 높은 형태로, 일반적으로 금리가 낮은 수준의 안정된 금융시장에서 나타나는 수익률곡선	하강형	단기채권의 수익률이 장기채권의 수익률보다 더 높은 형태로, 전반적으로 고금리 상태에 있는 금융시장에서 나타나는 수익률곡선
수평형	단기채권의 수익률과 장기채권의 수익률의 차이가 없는 형태로 향후의 수익률 수준이 현재 수준과 다르지 않을 것으로 기대되거나, 하강형에서 상승형 또는 상승형에서 하강형으로 변화될 때 일시적으로 나타나는 수익률곡선	낙타형	중기채의 수익률이 단기채나 장기채의 수익률보다 높게 나타나는 형태로 자금사정의 일시적인 악화로 단기적으로는 금리가 높아지지만 장기적으로는 금리가 안정된다고 기대되는 상황에서 나타나는 수익률곡선

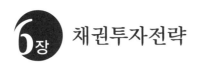

6장 채권투자전략

1. 적극적 투자전략

01. 수익률예측전략 : 수익률 하락 예측 시 채권 매입, 수익률 상승 예측 시 보유채권을 매각하는 방법으로 수익률예측을 통하여 매매차익을 얻고자 하는 방법

02. 채권교체전략 : 포트폴리오에 포함되어 있는 채권을 다른 채권으로 교체매매하여 매매차익을 얻고자 하는 방법

03. 수익률곡선타기전략 : 만기(잔존기간)가 커질수록 우상향하되 증가율은 체감하는 수익률곡선의 형태가 투자기간 동안 변동 없이 유지된다고 예상될 때 사용하는 전략

04. 나비형(바벨형) 투자전략 : 현재 평평한 형태를 띠고 있는 수익률곡선이 향후 중기물의 수익률은 상승하고(채권가격은 하락하고), 단기물과 장기물의 수익률은 상대적으로 하락함으로써(채권가격은 상승함으로써), 수익률곡선의 형태가 나비형 모양을 나타낼 것으로 예측될 때 취하는 전략으로 단기물과 장기물의 비중을 늘리고, 중기물의 비중은 줄이는 전략

05. 역나비형(불릿형) 투자전략 : 현재 평평한 형태를 띠고 있는 수익률곡선이 향후 중기물의 수익률은 하락하고(채권가격은 상승하고), 단기물과 장기물의 수익률은 상대적으로 상승함으로써(채권가격은 하락함으로써), 수익률곡선의 형태가 역나비형 모양을 나타낼 것으로 예측될 때 취하는 전략으로 단기물과 장기물의 비중을 줄이고, 중기물의 비중은 늘리는 전략

2. 소극적 투자전략

01. 만기보유전략 : 미래 수익률 수준이나 방향에 대한 예측을 하지 않고, 채권을 만기까지 보유함으로써 투자시점에서 미리 수익을 확정시키는 전략

02. 사다리형 만기전략 : 채권별 보유량을 각 잔존기간마다 동일하게 유지함으로써 시세변동위험을 평준화시키고, 수익성도 적정수준을 확보하려는 전략

03. 바벨형 만기전략 : 유동성 확보를 위한 단기채권과 수익성 확보를 위한 장기채권만 보유하고, 중기채권은 보유하지 않는 전략

04. 채권면역전략 : 수익률변동위험을 제거하고 투자목표를 달성하기 위한 전략으로 채권투자 종료 시 실현수익률을 목표수익률과 일치시키는 전략

05. 현금흐름일치전략 : 채권에서 발생하는 현금흐름 수입이 채권투자를 위해 조달된 부채의 상환흐름과 일치시키거나 수입이 부채를 상회하도록 채권포트폴리오를 구성하는 전략

06. 채권인덱싱전략 : 채권투자의 성과가 일정한 채권지수(채권시장지수)를 따를 수 있도록 채권포트폴리오를 구성하는 전략

3. 복합전략

01. 상황대응적 면역전략 : 포트폴리오가 목표로 하는 최소한의 투자목표를 설정해 놓고 현재의 투자성과가 목표를 초과하여 여유수익이 있으면 적극적인 전략을 구사하며, 투자 종료시점까지 초과수익이 있을 때마다 적극적인 투자전략을 반복하는 전략

MEMO

PART 04

파생상품의 기초

장 파생상품 개요

1. 파생상품이란?

01. 파생상품의 법적 정의(자본시장법)

1 선도 · 옵션 · 스왑에 해당하는 계약상의 권리

2 증권과는 달리 금전 등의 지급시기가 장래의 일정 시점

3 투자원본 이상의 손실이 발생할 수 있음

cf) 파생상품의 개념 : 기초자산(underlying asset)의 가격에 의해 그 가치가 결정되는 계약

02. 거래구조에 따른 분류

1 선도

"기초자산이나 기초자산의 가격 · 이자율 · 지표 · 단위 또는 이를 기초로 하는 지수 등에 의하여 산출된 금전 등"을 장래의 특정 시점에 인도할 것을 약정하는 계약

2 옵션

당사자의 어느 한쪽의 의사표시에 의하여 "기초자산이나 기초자산의 가격 · 이자율 · 지표 · 단위 또는 이를 기초로 하는 지수 등에 의하여 산출된 금전 등"을 수수하는 거래를 성립시킬 수 있는 권리를 부여하는 계약

3 스왑

장래의 일정기간 동안 미리 정한 가격으로 "기초자산이나 기초자산의 가격·이자율·지표·단위 또는 이를 기초로 하는 지수 등에 의하여 산출된 금전 등"을 교환할 것을 약정하는 계약

03. 손익구조의 형태에 따른 분류

1 선도형 파생상품

손익구조가 선형인 파생상품으로 선도(forward), 선물(future), 스왑(swap)이 있다.

2 옵션형 파생상품

옵션행사 권리가 내재되어 있어 손익구조가 중간에 꺾이는 특성을 갖는다. 콜옵션, 풋옵션, 캡, 플로어, 이색옵션 등이 있다.

3 합성형 파생상품

선물 + 옵션 = 선물옵션(futures option), 스왑 + 옵션 = 스왑션(swaption) 등이 있다.

2. 파생상품의 경제적 기능

01. 리스크의 전가(risk shifting)

1 파생상품의 가장 중요한 경제적 기능

2 파생상품시장은 "리스크를 다른 사람에게 떠넘기려고 하는 사람(hedger)"과 "리스크를 떠안으려는 사람(speculator)" 간에 리스크가 거래되는 시장

3 주식, 채권을 포함한 금융자산뿐만 아니라 원자재, 농산물 등 상품가격의 변동 리스크가 거래되어 시장 참여자 간에 리스크가 적절히 재분배되는 시장

02. 가격발견기능(price discovery)

1 파생상품시장의 참여자들은 미래의 상품가격에 대한 예측에 근거하여 거래

2 미래 현물가격에 대한 시장참여자들의 평균 예측치

3 현재시점에서 시장참가자들의 합리적 기대치

03. 자원배분의 효율성 증대

1 기업들에게 가격변동 리스크를 관리할 수 있는 수단 제공

2 투자자들에게는 레버리지 효과로 인해 높은 투자이익을 얻을 수 있는 기회 제공

04. 시장효율성 제고

1 현물시장에 비해 적정가격을 찾기 위한 노력 절감

2 거래비용도 상대적으로 저렴

3. 파생상품거래 메커니즘

01. 장내 파생상품

1 표준화된 계약

당사자 간의 합의에 따라 개개인의 다양한 수요를 충족시킬 수 있는 장외파생상품과는
달리 거래단위, 결제월, 결제방법 등의 계약명세(contract specification)가 거래소에 의해
표준화되어 있다.

2 청산소 제도

거래소가 결제이행책임을 부담하므로 투자자는 거래 시 상대방의 신용상태를 파악할
필요가 없다.

3 결제안정화제도

⊙ 반대거래 : 최종거래일 전 언제든지 계약에서 벗어날 수 있도록 제도적으로 허용

ⓒ 일일정산 : 전일 선물가격과 당일 선물가격의 차액을 다음 날 결제

ⓒ 증거금제도 : 거래 당사자 간 결제불이행 시 결제 당사자가 결제대금으로 사용할 수 있도록 예치한 담보금. 개시증거금, 유지증거금, 마진콜(margin call) 등

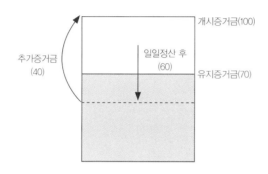

02. 파생상품거래의 구성요소

1 거래대상 또는 기초자산(underlying asset)

2 계약단위(contract size)
거래되는 파생상품의 기본거래단위로서 한 계약의 크기

3 결제월
파생상품 계약이 만기가 되어 실물인수도나 현금결제가 이루어지는 달(=인도월)

4 가격표시방법
IMM 지수방식 등

5 최소호가단위(tick)
파생상품 거래 시 호가할 수 있는 최소가격변동폭

6 일일가격제한폭
전일의 결제가격을 기준으로 당일 거래 중 등락할 수 있는 최대한의 가격변동범위

7 거래량과 미결제계약 수(미결제약정)

　　㉠ 거래량 : 매도 수량과 매수 수량의 총합계가 아니라 한쪽의 수량만으로 표시

　　㉡ 미결제계약 수 : 어느 특정일 현재 만기일 도래에 의한 실물인수도 또는 반대매매
　　에 의해 청산이 이루어지지 않고 남아 있는 매도 또는 매수 포지션의 총합

구분	09:00	09:20	09:30	…	15:00	손익
선물가격	100	95	92		94	
김군	매수	매도			매수	−5
이군	매도		매수		매도	+8
박군		매수	매도			−3

ex) 15:00 → 거래량 : 4계약, 미결제 약정 : 1계약

4. 국내 파생상품 시장

01. 1996년 5월 : KOSPI200을 대상으로 한 주가지수선물거래 개시

02. 1997년 7월 : KOSPI200 옵션 상장

03. 1999년 4월 : 금융선물 및 상품선물거래를 통합 · 관리할 수 있는 선물거래소
　　　개설

04. 2005년 1월 27일 : 한국거래소(KRX)로 통합

05. 현재

1 KOSPI200선물 · 옵션, 스타지수선물, 주식선물 · 옵션

2 3년국채선물, 5년국채선물, 10년국채선물

3 미국달러선물, 엔선물, 유로선물, 미국달러옵션

4 돈육선물

5 금선물, 미니금선물

삼겹살이 1인분에 5천 원이나 해.
한 달 후에는 1인분에 1만 원은 될거래.
삼겹살, 오늘이 마지막이다 ㅠㅠㅠ

난 지난달에 20인분 5만 원에 사뒀지 ㅋㅋ.
냉장고에 얼려뒀는데...
그럼 한 달 후에 1인분에 7천 원으로 넘길게.
살래?

선물 개요

1. 선물의 개념

01. 현물거래와 선물거래

구분	현물거래	선물거래
시장기능	자본 형성	위험전가 및 가격정보 제공
거래대상물	상장회사 주식	KOSPI200 지수 등
대상상품의 보유기간	제한 없음	한정
투자방법	주식 매수 후 매도	선물 매수 후 매도 혹은 선물 매도 후 매수
필요금액	1억 원 투자 시 1억 원	1억 원 투자 시 1,500만 원
증거금 및 일일정산	없음	있음

02. 선물과 선도

구분	선도	선물
거래장소	장외시장	장내시장(거래소)
거래소 보증	X	O
거래조건	거래당사자 필요에 맞춤	표준화
결제	대부분 만기거래	대부분 만기 전 반대매매
유동성	↓	↑

03. 선물 또는 선도의 매수포지션과 매도포지션의 손익구조

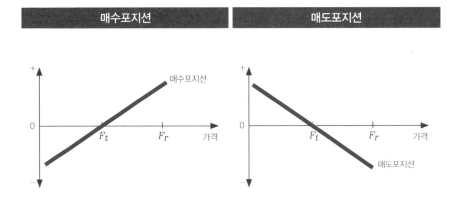

---

2. 선물의 종류

01. 상품선물

1 농산물 : 면화, 고무, 옥수수, 콩, 팥, 밀, 감자 등

2 축산물 : 소, 돼지 등

3 에너지 : 원유 등

4 임산물 : 목재, 합판 등

5 비철금속 : 전기동, 아연, 니켈, 납 등

6 귀금속 : 금, 은, 백금, 구리, 주석, 알루미늄 등

02. 금융선물

1 주가지수선물 : KOSPI200, S&P500, NIKKEI225 등

2 금리/채권선물 : 유로달러, 연방기금금리, KTB, T-Bond/Note

3 통화선물 : 달러, 엔, 유로 등

03. 최근

자연현상(날씨, 허리케인), 공해(탄소배출권), 경제변수(소비자물가지수), 신용(CDS) 등

3. 선물가격 결정

01. 보유비용모형(cost-of-carry model)

1 선물가격(F) = 현물가격(S) + 순보유비용(CC)

2 순보유비용(CC) = 이자비용(r) + 보관비용(c) − 현금수입(d) − 편의수익(y)

3 $F_t = S_t[1+(r+c-d-y)\frac{T-t}{365}]$ 이때 금융선물의 경우 c=y=0

02. 베이시스(Basis)

1 베이시스 = 선물가격(F) − 현물가격(S) = 순보유비용. 단, 상품선물의 경우 S − F

2 정상시장 : 베이시스가 양(+)인 상태 = 콘탱고(Contango)

3 비정상시장 : 베이시스가 음(−)인 상태 = 백워데이션(Backwardation)

✿ 현재 KOSPI200 현물주가지수가 200pt이고, 무위험이자율은 5%, 배당률은 1%일 경우, 3개월 만기 선물의 이론가격은 얼마인가?

① 200pt   ② 202pt   ③ 204pt   ④ 205pt

정답 ②

해설 : $F = 200\left[1 + (0.05 - 0.01)\frac{3}{12}\right] = 202$

03. KOSPI200 선물 사례

1 선물의 가치 계산

문제 question

✿ KOSPI200 선물을 98포인트에 2계약을 샀다면 약정금액은 얼마인가?

> 정답 98pt × 50만 원 × 2계약
> = 9,800만 원

✿ KOSPI200 선물 1계약을 100포인트에 신규 매수한 후 105포인트에 매도 하여 거래를 청산했다면 손익은 어떻게 되는가?

> 정답 (105pt − 100pt) × 50만 원
> = 250만 원 이익

✿ KOSPI200 선물 2계약을 100포인트에 신규 매수한 후 만기일의 주가지 수가 103포인트로 마감했다면 손익은 어떻게 되는가?

> 정답 (103pt − 100pt) × 50만 원
> = 150만 원

2 OO월 OO일 현재가

[4000] 선물현재가

| 연결선물지수 | | | | | 주문 | 차트 |

261.25 ▲	0.25	0.10%	163,104	63.49%
건수	매도	15:15:01	매수	건수
17	71	261.45 시가	261.00	
28	45	261.40 고가	261.95	
15	33	261.35 저가	260.10	
26	115	261.30 기준가	261.00	
7	12	261.25 예체가	261.25	
		261.20	74	4
미결제	108,837	261.15	17	7
	(+1,153)	261.10	69	11
		261.05	76	36
		261.00	82	43
776	2,980	384	3,364	
		직전		

KP200종합	260.08 ▼	0.03	0.01%
이론가	260.7412	이론BASIS	0.66
괴리도	0.50	괴리율	0.20
시장BASIS	1.17	거래대금	4,713,495억원
상한가	287.10	하한가	234.90
CB상한가	274.05	CB하한가	247.95
이자율	3.200	기준가	261.00
최종거래일	2012/09/13	잔존만기	29
상장최고	276.30	5.45%	2012/03/14
상장최저	227.25	14.96%	2011/09/14

체결 | **일별** | **차트**

시간	체결가	전일대비	체결량	거래량
15:15:01	261.25 ▲	0.25	0	163,104
15:15:00	261.25 ▲	0.25	2,844	163,104
15:04:59	261.05 ▲	0.05	1	160,260
15:04:59	261.10 ▲	0.10	2	160,259
15:04:59	261.05 ▲	0.05	2	160,257
15:04:59	261.05 ▲	0.05	1	160,255
15:04:59	261.05 ▲	0.05	2	160,254

주체별 | **프로그램매매**

○ 당일 ○ 시간별 ○ 일별   단위:주식-억원,선물-계약

시장구분		외국인	개인	기관계
KOSPI200 선물	매도	59,722	45,886	57,065
	매수	59,205	46,802	56,718
	순매수	-517	916	-347
KOSPI 주식	매도	10,152	20,740	7,427
	매수	13,708	18,262	6,656
	순매수	3,557	-2,478	-772
KOSDAQ 주식	매도	520	16,537	480
	매수	691	16,222	668
	순매수	172	-315	186

4. 선물거래의 유형

01. 투기거래

1 선물시장에만 참여, 매입/매도 중 한 가지 포지션만 거래

2 방법

　㉠ 저가매수 후 고가매도 전략(Buy Low & Sell High)

　㉡ 고가매도 후 저가매수 전략(Sell High & Buy Low)

3 거래참가자

　㉠ Scalper : 초단기거래자

　㉡ Day Trader : 당일 취한 포지션을 당일 청산하는 거래자

　㉢ Position Trader : 포지션을 하루 이상 보유하는 거래자

02. 헤지거래

1 현물시장에서의 가격변동위험을 회피할 목적으로 선물시장에 참여하여 현물포지션과 반대포지션을 취하는 거래

2 매도헤지 : 현물보유자가 가격하락위험을 회피하기 위해 선물을 매도

3 매입헤지 : 현물매입가격 고정을 위해 선물을 매입

4 직접/교차헤지 : 현물과 동일한/유사한 가격변동 패턴을 갖는 선물을 매매

03. 차익거래

1 현물과 선물의 일시적인 가격 차이를 이용하여 현물과 선물 중 고평가된 쪽은 매도하고, 저평가된 쪽은 매수함으로써 위험 없는 이득을 취하고자 하는 거래

2 매수차익거래 : 실제 선물가격 고평가 시 선물 매도 + 현물 매수

3 매도차익거래 : 실제 선물가격 저평가 시 선물 매수 + 현물 매도

04. 스프레드거래

1 선물시장에서 두 개 선물 간의 가격 차이를 이용하여 동시에 한쪽은 매수하고 한쪽은 매도하여 이득을 얻고자 하는 거래

2 시장 내**(결제월 간) 스프레드** : 동일한 상품의 결제월이 다른 두 개의 종목 이용

3 종목 간**(상품 간) 스프레드** : 만기는 같으면서 대체상품이거나 수급패턴이 비슷한 종목 이용

4 시장 간 **스프레드** : 같은 상품이면서 거래소 간 일시적인 가격 차이 이용

✿ 현재 어떤 선물의 시장가격이 203pt이고, 이론가격이 202pt일 경우 어떠한 거래가 가능한가?

① 매수차익거래   ② 매수헤지거래   ③ 매도차익거래   ④ 매도헤지거래

정답 ①

해설 : 이론가격(202pt) < 시장가격(203pt). 현재 선물의 시장가격이 고평가되어 있으므로 고평가되어 있는 선물을 매도하고, 상대적으로 현물을 매수한다. 차익거래는 현물이 기준이므로 매수차익거래가 된다.

들어가기 전에

오늘의 환율
1$ = 1,200원

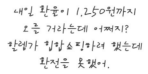

내일 환율이 1,250원까지
오를 거라는데 어쩌지?
할렘가 힙합쇼핑하려 했는데
환전은 못했어.

나 환전 두둑하게 했어.
내일 1달러당 1,220원으로 바꿔줄게.
만약 환율이 1,250원이 된다면
네가 30원 이익이지!?
환율이 안 오르면 안 바꾸면
그만이고~

이런 쿨한
뉴요커를 봤나.
땡큐!

2마우연 스테이크 사.
내일 환전해주는 값이야.

 옵션 개요

1. 옵션의 개념

01. 옵션의 정의

1 주어진 자산 [기초자산(underlying asset)]을

2 미래의 일정시점 [만기(maturity)]에

3 미리 정한 가격 [행사가격(strike/exercise price)]으로

4 매수(매도)할 수 있는 권리 [콜(풋) 옵션]

02. 옵션거래의 개념

1 옵션거래의 구조

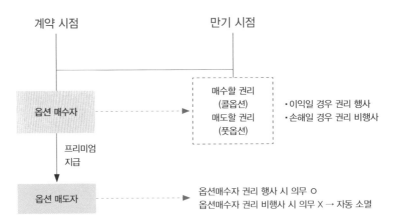

2 옵션거래자의 권리와 의무

구분	매수자	매도자
콜옵션	매수 권리	매도 의무
풋옵션	매도 권리	매수 의무

3 옵션 vs 아파트 분양권

구분	분양권	옵션
기초자산	아파트	코스피200지수 등
만기	입주일	매월 두 번째 목요일
거래대상물	분양권	콜옵션, 풋옵션
가격	분양권 프리미엄	옵션 프리미엄
약속금액	아파트의 분양가	옵션의 행사가격
투자방법	분양권(옵션) 프리미엄이 오를 것으로 판단되면 매수하고, 내릴 것으로 판단되면 매도한다.	

2. 옵션의 유형

01. 콜옵션

1 만기 시 손익구조

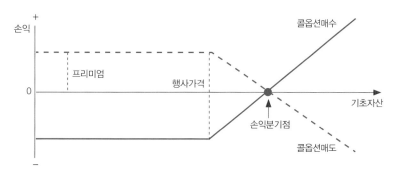

2 콜옵션 매수포지션

㉠ 콜옵션 매수자는 기초자산을 살 수 있는 권리를 가지게 된다.

㉡ 기초자산의 가격 상승이 예상될 경우 취할 수 있는 전략으로서, 매수자는 만기에 기초자산 가격에서 행사가격을 차감한 크기의 가치를 수령하게 되며, 만약 기초자산 가격보다 행사가격이 높은 경우 권리를 포기할 수 있다.

㉢ 콜옵션 매수자의 이익은 무한대이고, 손실은 프리미엄 크기로 제한된다.

3 콜옵션 매도포지션

㉠ 콜옵션 매도자는 기초자산을 팔 의무를 가지게 된다.

㉡ 기초자산의 가격이 강세를 보이지 않을 것으로 예상될 경우 취할 수 있는 전략으로서, 매수자의 권리행사 여부에 따라 손익이 결정된다.

㉢ 콜옵션 매도자의 이익은 프리미엄 크기로 제한되고, 손실은 무한대이다.

02. 풋옵션

1 만기 시 손익구조

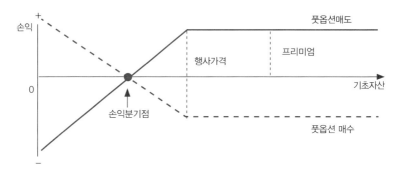

2 풋옵션 매수포지션

㉠ 풋옵션 매수자는 기초자산을 팔 수 있는 권리를 가지게 된다.

㉡ 기초자산의 가격하락이 예상될 경우 취할 수 있는 전략으로서, 매수자는 만기에 행사가격에서 기초자산 가격을 차감한 크기의 가치를 수령하게 되며, 만약 행사가격보다 기초자산 가격이 높은 경우 권리를 포기할 수 있다.

㉢ 풋옵션 매수자의 이익은 무한대이고, 손실은 프리미엄 크기로 제한된다.

3 풋옵션 매도포지션

 ⊙ 풋옵션 매도자는 기초자산을 살 의무를 가지게 된다.

 ⓒ 기초자산의 가격이 약세를 보이지 않을 것으로 예상될 경우 취할 수 있는 전략으로서,
  매수자의 권리행사 여부에 따라 손익이 결정된다.

 ⓒ 풋옵션 매도자의 이익은 프리미엄 크기로 제한되고, 손실은 무한대이다.

03. 권리행사시기에 따른 분류

1 유럽형 옵션 : 권리의 행사가 만기에만 가능한 옵션 형태

2 미국형 옵션 : 만기 이전에도 권리 행사가 가능한 옵션 형태

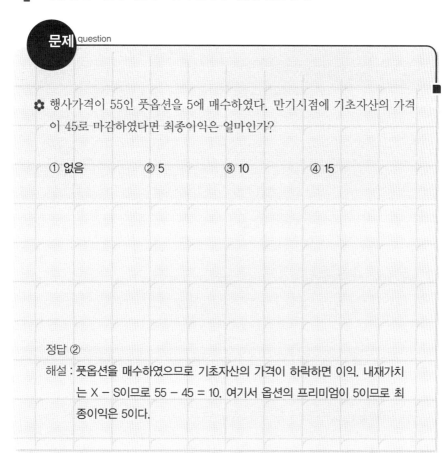

문제 question

✿ 행사가격이 55인 풋옵션을 5에 매수하였다. 만기시점에 기초자산의 가격
 이 45로 마감하였다면 최종이익은 얼마인가?

① 없음   ② 5   ③ 10   ④ 15

정답 ②

해설 : 풋옵션을 매수하였으므로 기초자산의 가격이 하락하면 이익. 내재가치
  는 X − S이므로 55 − 45 = 10. 여기서 옵션의 프리미엄이 5이므로 최
  종이익은 5이다.

4
PART

♻ 행사가격이 55인 콜옵션을 5에 매수할 경우 손익분기점은 얼마인가?

① 0   ② 50   ③ 55   ④ 60

정답 ④

해설 : 콜옵션은 살 권리. 55에 살 권리를 가지고 있으므로 투자한 5보다 더 올라야 실제로 이익이 발생한다. 즉, 55 + 5 = 60이 손익분기점이 된다.

3. 옵션의 가격 결정

01. 만기일 이전의 옵션거래

구분	콜옵션	풋옵션
내가격(ITM) 옵션	$S_t > X$	$S_t < X$
등가격(ATM) 옵션	$S_t = X$	$S_t = X$
외가격(OTM) 옵션	$S_t < X$	$S_t > X$

02. 옵션가격의 구성요소

1 옵션의 가격 = 내재가치 + 시간가치

2 콜옵션의 내재가치 = $Max[(S_t - X), 0]$

3 풋옵션의 내재가치 = $Max[(X - S_t), 0]$

4 옵션의 시간가치 = 옵션의 가격 – 내재가치

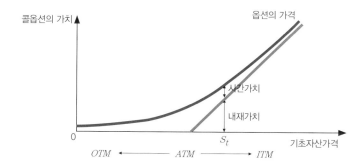

03. 옵션가격의 결정요인

1 기초자산의 시장가격과 행사가격

2 기초자산가격의 변동성

3 만기까지 남은 기간

4 이자율

5 기초자산으로부터 발생하는 현금수입

✿ ○○전자 주식옵션의 투자자는 만기 3개월, 행사가격 100만 원인 콜옵션
을 1만 원에 매수하였다. 현재 ○○전자 주식가격이 98만 원이라고 할 때
콜옵션의 시간가치는 얼마인가?

① 0원　　　　　② 1만 원　　　　　③ 2만 원　　　　　④ 3만 원

정답 ②

해설 : 콜옵션을 매수하였다. 주식가격이 98만 원 < 행사가격 100만 원이므
로 외가격 상태이다. 내재가치는 없으므로 옵션의 가격은 모두 시간가
치이다. 따라서 1만 원이 모두 시간가치이다.

04. KOSPI200 옵션 사례

1 KOSPI200 콜옵션(행사가격 285pt)

[4001] 옵션현재가

201F5285 ▼ C 1105 285.0 | 콜시세표 풋시세표 주문 차트

5.25 ▲	2.46	88.17%	74,592	14.59%	KP200종합	266.23 ▲	5.80	2.07%
건수	매도	13:47:19 ⚙	매수	건수	상한가	38.10	하한가	0.01
36	705	5.50	시가	3.60	이론가	6.1030	행사가	285.00
27	1,174	5.45	고가	5.35	괴리도	-0.85	괴리율	-13.98
33	1,302	5.40	저가	3.40	내재변동성	15.00%	역사적변동	17.96%
21	1,060	5.35	기준가	2.79	델타	0.5658	감마	0.0305
20	578	5.30			세타	-0.1249	베가	0.2827
		5.25	99	3	내재가치	1.23	시간가치	4.02
미결제	67,790	5.20	485	23	최종거래일	2011/05/12	잔존일	23
	(+845)	5.15	2,137	41	상장최고	5.45	3.67%	2011/04/06
		5.10	1,349	28				
		5.05	588	19				
345	11,970	1,260	13,230	693	주체별	프로그램매매		
		직전	1		● 당일 ○ 시간별 ○ 일별		단위:주식-억원,선물-계약	

체결	일별	차트			시장구분		외국인	개인	기관계
시간	체결가	전일대비	체결량	거래량	KOSPI200 선물	매도	53,623	56,368	77,102
13:47:18	5.25 ▲	2.46	2	74,592		매수	61,856	54,178	72,660
13:47:09	5.20 ▲	2.41	1	74,590		순매수	8,233	-2,190	-4,442
13:47:07	5.20 ▲	2.41	1	74,589	KOSPI 주식	매도	8,973	47,585	13,572
13:47:06	5.25 ▲	2.46	2	74,588		매수	9,332	44,957	13,194
13:47:06	5.25 ▲	2.46	1	74,586		순매수	358	-2,629	-376
13:47:06	5.25 ▲	2.46	1	74,585	KOSDAQ 주식	매도	548	14,953	668
13:47:06	5.25 ▲	2.46	2	74,584		매수	538	14,948	705
						순매수	-11	-5	38

2 KOSPI200 옵션 종합

[4015] 종합시세표

KP200 종합 286.18 ▲ 5.75 (2.05%) 변동성 17.95% 시장BS 0.72 | KOSPI200 11년 05월 ▼

종합시세표 종합민감도 콜시세표 풋시세표 콜민감도 풋민감도

		콜 옵 션				행사가 (지수환산)			풋 옵 션			
미결제	거래량	매수	매도	대비	현재가		현재가	대비	매수	매도	거래량	미결제
110,335 (-5,893)	924,449	1.18 (598)	1.19 (276)	▲ 0.80 (210.53%)	1.18	295.0 (2,228.03)	9.95 ▼	4.85 (32.77%)	9.95 (16)	9.85 (15)	1,281	4,305 (+213)
88,672 (+5,073)	792,258	1.89 (238)	1.90 (224)	▲ 1.19 (170.00%)	1.89	292.5 (2,209.15)	8.10 ▼	4.50 (35.71%)	8.20 (28)	8.05 (16)	1,871	1,566 (+525)
109,082 (+7,981)	840,686	2.80 (158)	2.81 (396)	▲ 1.56 (124.80%)	2.81	290.0 (2,190.27)	6.55 ▼	4.05 (38.21%)	6.55 (41)	6.50 (10)	7,310	6,944 (+1,631)
52,092 (-6,447)	144,610	3.90 (852)	3.95 (66)	▲ 2.03 (105.73%)	3.95	287.5 (2,171.38)	5.15 ▼	3.60 (41.14%)	5.20 (360)	5.10 (400)	9,954	5,482 (+1,814)
67,820 (+875)	74,891	5.25 (463)	5.30 (4)	▲ 2.51 (89.96%)	5.30	265.0 (2,152.50)	4.00 ▼	3.20 (44.44%)	4.05 (381)	4.00 (324)	40,040	25,162 (+11,811)
27,677 (-5,685)	32,358	6.85 (31)	6.90 (16)	▲ 2.85 (70.37%)	6.90	282.5 (2,133.62)	3.10 ▼	2.65 (46.09%)	3.15 (579)	3.10 (62)	47,860	25,793 (+8,405)
31,738 (-11,729)	27,239	8.65 (1)	8.70 (196)	▲ 3.30 (61.11%)	8.70	280.0 (2,114.74)	2.38 ▼	2.32 (49.36%)	2.38 (63)	2.37 (246)	225,109	55,345 (+24,202)
14,151 (+110)	4,079	10.50 (50)	10.60 (16)	▲ 3.65 (53.28%)	10.50	277.5 (2,095.86)	1.80 ▼	1.85 (50.68%)	1.80 (131)	1.79 (196)	270,928	60,717 (+25,153)
9,974 (-13)	2,183	12.50 (49)	12.65 (18)	▲ 4.30 (51.81%)	12.60	275.0 (2,076.98)	1.35 ▼	1.57 (53.77%)	1.35 (121)	1.34 (887)	315,893	90,102 (+25,591)
7,958 (-128)	677	14.70 (16)	14.80 (16)	▲ 4.50 (44.12%)	14.70	272.5 (2,058.09)	1.00 ▼	1.25 (55.56%)	1.01 (555)	1.00 (233)	336,233	84,660 (+27,420)
7,637 (-23)	850	16.95 (1)	17.05 (16)	▲ 4.90 (40.50%)	17.00	270.0 (2,039.21)	0.73 ▼	0.96 (56.80%)	0.74 (1,309)	0.73 (333)	429,592	110,798 (+43,915)
2,812 (252)	252	19.20	19.35	▲ 4.75	19.20	267.5	0.53 ▼	0.77	0.53	0.52	337,043	88,840

4. 옵션의 투자전략

01. 방향성 매매

1 콜옵션 / 풋옵션

2 스프레드 전략

구분	전략	구성	구조	이익
상승 예상	수직 강세 풋 스프레드	$X_1 < X_2$ X_1 매수, X_2 매도		$P_2 - P_1$
	수직 강세 콜 스프레드			$(X_2 - X_1) - (C_1 - C_2)$
하락 예상	수직 약세 풋 스프레드	$X_1 < X_2$ X_1 매도, X_2 매수		$(X_2 - X_1) - (P_2 - P_1)$
	수직 약세 콜 스프레드			$C_1 - C_2$

02. 변동성 매매

1 증가 예상

전략	구성	구조	손익분기점
스트래들 매수	동일 행사가격의 콜옵션과 풋옵션을 동일 수량 매수		상승 시 : $X + (C + P)$ 하락 시 : $X - (C + P)$
스트랭글 매수	다른 행사가격의 콜옵션과 풋옵션을 동일 수량 매수		상승 시 : $X_2 + (C + P)$ 하락 시 : $X_1 - (C + P)$

2 감소 예상

전략	구성	구조	최대이익
스트래들 매도	동일 행사가격의 콜옵션과 풋옵션을 동일 수량 매도		$C + P$ (손익분기점은 매수와 동일)
스트랭글 매도	다른 행사가격의 콜옵션과 풋옵션을 동일 수량 매도		

5. 옵션의 민감도 지표

01. 델타(delta)

1 주식가격의 변화에 대한 옵션가격의 변화율

2 $0 \leq$ 콜옵션의 델타 ≤ 1 / $-1 \leq$ 풋옵션의 델타 ≤ 0

3 기초자산으로 옵션을 헤지할 때 헤지비율로 사용(델타중립)

02. 감마(gamma)

1 주식가격의 변화에 따른 델타의 변화

2 등가격일 때 가장 높고, 만기일에 가까워질수록 높아진다.

03. 세타

1 시간의 경과에 따른 옵션가격의 변화율

2 시간이 지남에 따라 옵션의 시간가치는 하락한다.

3 등가격일 때 가장 크다.

04. 베가

1 주식가격의 변동성의 변화에 따른 옵션가격의 변화율

2 등가격 옵션의 베가가 가장 높게 형성되며, 잔존만기가 많이 남아 있을수록 높아진다.

05. 로

1 이자율의 변화에 대한 옵션가격의 변화

2 내가격 옵션의 로가 가장 높다.

6. 옵션의 매수/매도 포지션에 대한 민감도 부호

구분	매수/매도	델타	감마	세타	베가	로
Call	매수	+	+	−	+	+
	매도	−	−	+	−	−
Put	매수	−	+	−	+	−
	매도	+	−	+	−	+

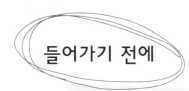

들어가기 전에

박 씨,
제 닭은 모두 얼룩알만 낳아서
사람들이 얼룩알을 찾을 때는 좋지만,
만약 하얀 알만 찾게 되면 어떻게 해야
할까 걱정입니다.

김 씨,
그러면 당신의 닭이 낳은 얼룩알과
제 닭이 낳은 하얀 알을 하루에
다섯 개씩 교환합시다.

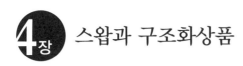

4장 스왑과 구조화상품

1. 이자율(금리)스왑

01. 개념

정석 기업을 기준으로	
고정금리 지불 스왑(payer swap)	고정금리 수취 스왑(receiver swap)

① 금리스왑의 경우 통화의 (명목)원금은 교환하지 않는다.
② 고정금리와 변동금리의 교환은 일반적으로 차액결제방식을 따른다.

02. 금리스왑의 사례

1 자금구조 변환효과

㉠ 변동금리로 차입 중인 정석 기업
㉡ 금리상승위험을 헤지하기 위하여 고정금리 지불 스왑 체결
㉢ 최종적으로 고정금리 지불 체계로 바뀌었음

차세대 금융리더를 위한 금융자격증 입문서

2 비교우위

구분	A기업	B기업	Credit Spread
변동금리 시장	LIBOR	LIBOR + 1%	1%
고정금리시장	6%	8%	2%

　ⓐ A기업은 고정금리시장에서 비교우위 / B기업은 변동금리시장에서 비교우위
　ⓑ 두 기업 금리스왑 시 총 1%의 이익 발생. 즉, 신용격차만큼 금리 절약

2. 통화스왑

01. 통화스왑의 3단계

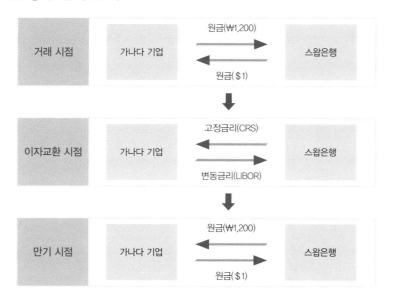

02. 통화스왑의 특징

1 통화스왑은 서로 다른 통화에 대한 원금과 이자를 교환

2 통화스왑은 초기와 만기에 원금 교환이 발생

3 거래시점의 환율 = 만기원금 교환에 적용되는 환율

4 통화스왑의 초기 현금흐름과 이자 교환 현금흐름은 반대 방향 / 만기 현금흐름과 이자 교환 현금흐름의 방향은 동일

5 통화스왑은 이자는 물론 원금까지 교환되므로 만기원금에 대한 환율변동 리스크가 상대적으로 크다.

3. 신용파생상품

01. 신용부도스왑(CDS ; Credit Default Swap)

1 기본구조

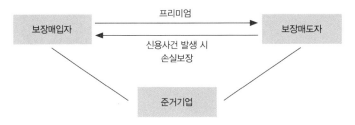

2 CDS 프리미엄 결정
  ㉠ 거래의 만기↑ 프리미엄↑
  ㉡ 채무불이행의 가능성↑ 프리미엄↑
  ㉢ CDS 거래상대방(보장매도자)의 신용등급↑ 프리미엄↑
  ㉣ 준거자산의 회수율↑ 프리미엄↓

02. 총수익스왑(TRS ; Total Return Swap)

1 신용위험 + 시장위험 전가

2 기본구조

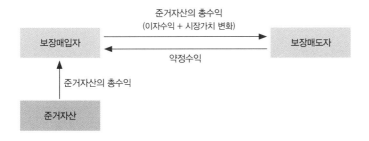

03. 신용연계채권(CLN ; Credit Linked Swap)

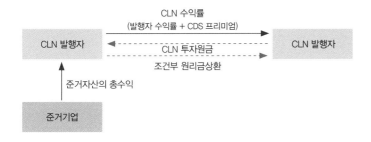

4. 이색옵션

01. 경로의존형(Path-Dependent) 옵션

1 평균(average or asian) 옵션

2 경계(barrier) 옵션

3 룩백(lookback) 옵션 / 래더(ladder) 옵션

4 클리켓(cliquet or rachet) 옵션 / 사우트(shout) 옵션

02. 첨점수익구조형(Singular payoff) 옵션

1 조건부 프리미엄(pay later) 옵션

2 디지털(digital or binary) 옵션

3 디지털 배리어 옵션

03. 시간의존형 옵션

1 미국식 옵션

2 버뮤다(bermuda) 옵션

3 선택(chooser) 옵션

4 행사가격결정유예(delayed) 옵션

04. 다중변수 옵션

1 무지개 옵션, 포트폴리오 옵션, 바스켓 옵션, 스프레드 옵션

2 콴토(quanto) 옵션

05. 복합(Nested or Compound) 옵션

1 call on call, put on call

2 call on put, put on put

06. 레버리지형 옵션

1 승수형 : 곱하기와 제곱 형태

2 인버스 플로터형

✿ 행사가격이 100이고, 계약상 약정된 수취금액이 8인 콜 디지털옵션이 있을 경우 만기 시 기초자산의 가격이 105일 때 얼마를 받게 되는가?

① 0   ② 5   ③ 8   ④ 13

정답 ③

해설 : 콜 디지털옵션이므로 105 > 100으로 내가격 상태. 그러므로 기초자산 가격과 행사가격과의 차이와는 관계없이 약정된 금액인 8을 수취하게 된다.

5. 포트폴리오 보험전략

01. 방어적 풋 전략(Protective Put)

1 주식 매입 + 풋옵션 매입

2 콜옵션 매입의 수익구조와 유사

02. 이자추출전략(Cash Extraction)

1 채권 매입 + 콜옵션 매입

2 이자부분 만큼 콜옵션 매입

03. 동적 자산 배분전략

1 주식 매입 + 채권 매입

2 주가의 움직임에 따라 편입비율 조정

3 옵션을 매입하지 않고 옵션포지션을 복제

차세대 금융리더를 위한 금융자격증 입문서

MEMO

PART

법규 및 세제, 통계

FINANCIAL LICENSE BASICS

05 법규 및 세제, 통계

1장 법규

1. 자본시장법

01. 자본시장법 개관

1 자본시장법 이전과 이후

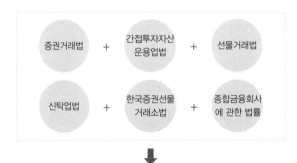

자본시장과 금융투자업에 관한 법률

1) 자본시장의 자금중개기능 효율화
2) 투자자 보호 강화를 통한 자본시장의 신뢰성 제고
3) 선진 투자은행과 경쟁할 수 있는 금융투자회사의 출현기반 마련

2 자본시장법 규제 패러다임

	기존		변경(기본방향)
금융투자상품	열거주의	➡	포괄주의
규율 체계	기관별 규제	➡	기능별 규제
업무 범위	겸영 불허	➡	6개 금융투자업 상호 간 겸영 허용
부수업무	부수가능 업무를 열거		포괄적으로 허용(Negative 체제)
보호 장치	투자자 보호제도 미흡	➡	투자자 보호제도 선진화(강화)
적용 범위	역외적용 명문화	1) 국외에서 이루어진 행위가 국내에 영향을 미치는 경우 자본시장법이 적용됨을 자본시장법 제2조에 명문화한다. 2) 역외영업 특례 : 일부 역외영업에 대하여는 금융투자업 진입 규제 적용을 배제함으로써 별도의 인가 없이 허용한다.	
	형법상 도박죄의 적용 배제	금융투자업자가 투자업을 영위하는 경우에는 형법상 도박죄 및 상습도박죄 적용을 배제한다.	

3 자본시장 관련 행정기관 및 관계기관
㉠ 금융위원회

성격	금융정책, 외국환업무취급기관의 건전성 감독 · 금융감독에 관한 업무를 수행
	▪ 통합금융감독원의 의결기구로 국무총리 소속의 합의제 행정기관 · 금융 정책과 감독에 대한 최고 의사결정기관 ▪ 증권선물위원회의 상위 의결기관
업무	① 금융에 관한 정책 및 제도에 관한 사항 ② 금융기관 설립, 합병, 전환 등의 인 · 허가 ③ 금융기관 감독 및 검사 · 제재에 관한 사항 ④ 자본시장의 관리 · 감독 및 감시 등에 관한 사항 ⑤ 외국환업무취급기관의 건전성, 감독에 관한 사항 등

구성	• 위원은 9인으로 구성				
	대통령임명(2)	위원장 1인 (국무총리 제청)		부위원장 1인 (위원장 제청)	임기 3년 1차 연임 가능
	상임위원(2)	위원장의 추천 2인			–
	당연직위원(4)	기획재정부 차관	금융감독원 원장	한국은행 부총재	예금보험 공사 사장
					비상임위원
	나머지(1)	경제계 대표 1인 (상공회의소 회장의 추천)			

운영	회의	• 위원회의 회의는 위원장이 필요하다고 인정하거나 위원 3인 이상의 요구가 있을 때 위원장이 소집 • 특별한 경우를 제외하고 과반수 출석, 과반수 찬성으로 의결 필요
	위원장 긴급조치	긴급 상황 발생 시 금융위원장이 처리하고, 지체 없이 보고

ⓛ 증권선물위원회

업무	① 자본시장의 불공정거래조사 ② 기업회계의 기준 및 회계감리에 관한 업무 ③ 금융위 소관사무 중 자본시장의 관리 감독에 관한 사항의 사전심의 등		
구성	• 위원은 9인으로 구성		
	위원장(1)	금융위원회 부위원장이 겸임	임기 3년 1차 연임 가능

ⓒ 금융감독원

성격	① 금융위와 증선위의 의결사항에 대한 집행기관적 성격 ② 금융기관에 대한 검사기관으로서의 성격 ③ 민간조직임에도 공적 규제기능을 담당, 무자본 특수법인
업무	• 금융위 및 증선위 소관 업무의 상당 부분을 위임받아 수행함 　① 금융기관의 업무 및 재산상황에 대한 검사 및 그에 따른 제재 　② 금융기관 업무와 관련한 분쟁조정 　③ 금융위 및 소속기관에 대한 업무지원 등

ⓔ 한국거래소

성격	① 증권 및 장내파생상품시장의 공정한 가격 형성과 그 매매 등 거래의 안정성 및 효율성 도모를 목적으로 함 ② 자본금 1천억 원 이상의 주식회사 형태 ③ 발행주식 총수의 5% 초과 금지 등 주식소유 규제
업무	▪ 한국거래소는 다음의 업무를 수행하며, 해당 업무에 관련한 규정을 제정한다. 　① 유가증권시장 · 코스닥시장 및 파생상품시장의 개설 · 운영에 관한 업무 　② 증권 및 파생상품 매매거래에 관한 업무 　③ 증권 상장에 관한 업무 　④ 상장법인의 신고 · 공시에 관한 업무 　⑤ 이상거래 심리 및 회원의 감리에 관한 업무 등

ⓜ 한국금융투자협회

성격	회원 상호 간의 업무질서 유지 및 공정한 거래질서를 확립, 투자자 보호 및 금융투자업의 건전한 발전을 목적으로 설립하였으며, 민법 규정을 준용
업무	① 회원 간의 건전한 영업질서 유지 및 투자자보호를 위한 자율규제 업무 ② 회원의 영업행위에 관한 분쟁의 자율조정 업무 ③ 주요직무 종사자의 등록 및 관리, 금융투자업 연수 관련 업무
회원구성	**금융투자업자** — **금융투자업 관련 업무 영위자** 일반사무관리회사, 집합투자기구평가회사, 채권평가회사 등

ⓗ 한국예탁결제원

성격	증권의 집중예탁과 계좌 간 대체, 매매거래에 따른 결제업무 및 유통의 원활을 위하여 설립된 법인으로서 상법상 주식회사 관련 규정을 준용
업무	▪ 한국예탁결제원은 다음의 업무를 수행하며, 이와 관련한 규정을 제정한다. 　① 증권 등의 집중예탁 및 계좌 간 대체업무, 보호예수업무 　② 증권시장에서의 증권의 매매거래에 따른 증권인도와 대금지급 및 결제이행 · 불이행 결과의 거래소에 대한 통지에 관한 업무 　③ 증권시장 밖에서의 증권 등의 매매거래에 따른 증권 등의 인도와 대금의 지급 관련 업무 등

ⓐ 증권금융회사

성격	▪ 자기자본 20억 원 이상의 주식회사로서 금융위원회 인가를 받아 설립
업무	① 금융투자상품의 매매, 증권의 발행 · 인수, 청약과 관련하여 투자매매업자 · 중개업자에 대하여 필요한 자금 또는 증권을 대여하는 업무 ② 증권시장 및 파생상품시장에서의 매매거래에 필요한 자금 또는 증권을 거래소를 통하여 대여하는 업무 ③ 증권을 담보로 하는 대출업무 등

02. 기능별 규제

1 금융투자상품

ⓒ 금융투자상품의 개념 및 분류

개념	① 이익을 얻거나 손실을 회피할 목적 ② 투자대상이 계약상의 권리임 ③ 투자결과 원본의 손실이 발생할 수 있는 위험(투자성)을 가지는 것	
	투자원본 산정	판매수수료 등 용역에 대한 대가성 수수료, 보험의 사업비 · 위험보험료는 투자원본에 산정 시 제외
	회수금액 산정	중도해지에 따른 수수료, 각종 세금, 채무불이행으로 인한 미지급액 등은 회수금액 산정 시 포함
제외 대상	▪ 다음의 상품은 금융투자상품의 범위에 포함되나 명시적으로 제외한다. ① 원화로 표시된 양도성 예금증서(CD) : 사실상 예금에 준하여 취급되므로 제외함 ② 관리신탁의 수익권 : 실질적으로 신탁회사가 처분권한을 가지지 않으므로 제외함	
분류	 ▪ 구분기준 : 원본대비 손실비율 ① 손실비율 = 0% : 원본보전형(예금, 보험) → 비금융투자상품 ② 0% < 손실비율 ≤ 100% : 원본손실형(증권) ③ 손실비율 > 100% : 추가지급형(파생상품)	

© 증권

채무증권 (채권)	▪ 지급청구권(채무)이 표시된 증권 ① 근거 : 발행인에 의하여 원본이 보전되나 유통과정에서 원본손실이 발생할 수 있다. ② 종류 : 국채증권, 지방채증권, 특수채증권, 사채권, 기업어음증권 등
지분증권 (주식)	▪ 주권, 신주인수권이 표시된 것 ① 근거 : 발행인이 원본을 보장하지 않고, 출자 회수 시에 투자원본의 손실이 발생할 수 있다. ② 종류 : 출자증권, 출자지분 등
수익증권	▪ 금전 · 투자신탁 수익증권, 이와 유사한 신탁의 수익권이 표시된 것 : 주택저당증권, 유동화전문회사 발행 수익증권 등
증권예탁증권 (DR)	▪ 채무증권, 지분증권, 수익증권 등의 예탁을 받은 자가 그 증권이 발행된 국가 외의 국가에서 발행한 것으로 그 예탁받은 증권의 권리가 표시된 것 : KDR, GDR, ADR 등
투자계약증권	▪ 특정 투자자와 타인 간의 공동 사업에서 주로 타인이 수행한 공동사업의 결과에 따른 손익을 귀속받는 권리가 표시된 것 ① 투자가 있을 것(investment of money) ② 공동성(common enterprise) ③ 수익의 기대(expectation of profits) ④ 타인의 노력(through the efforts of others)
파생결합증권 (ELS)	▪ 기초자산의 가격 등의 변동과 연계되어 이익을 얻거나 손실을 회피할 목적의 계약상의 권리가 표시된 것 ① 파생결합증권 및 파생상품의 기초자산 : 금융투자상품, 일반상품, 신용위험, 수치로 산출 가능한 자연적 · 환경적 · 경제적 현상 등의 위험 ② 주가연계증권(ELS), 주가연계워런트(ELW), 파생연계증권(DLS) 등

© 파생상품

개념	금전 등의 지급 시기가 장래 일정 시점이고, 투자원본 이상의 손실이 발생할 수 있는 상품

거래구조 기준 분류	선도	기초자산이나 기초자산의 가격, 이자율, 지표, 단위 또는 이를 기초로 하는 지수 등에 의하여 산출된 금전 등을 장래의 특정시점에 인도할 것을 약정하는 계약
	옵션	당사자 어느 한쪽의 의사표시에 의하여 기초자산이나 기초자산의 가격, 이자율, 지표, 단위 또는 이를 기초로 하는 지수 등에 의하여 산출된 금전 등을 수수하는 거래를 성립시킬 수 있는 권리를 부여하는 것을 약정하는 계약
	스왑	장래의 일정기간 동안 미리 정한 가격으로 기초자산이나 기초자산의 가격, 이자율, 지표, 단위 또는 이를 기초로 하는 지수 등에 의하여 산출된 금전 등을 교환할 것을 약정하는 계약
정형화된 시장에서 거래여부 기준 분류	장내파생상품	정형화된 시장에서 거래되는 파생상품이거나 대통령령으로 정하는 해외의 파생상품시장의 파생상품
	장외파생상품	장내파생상품에 속하지 않는 파생상품
자본시장법상 기초자산의 범위		<ul><li>금융투자상품</li><li>통화(외국의 통화 포함)</li><li>일반상품(농산물, 축산물, 수산물, 임산물, 광산물, 에너지에 속하는 물품 및 이를 원료로 하여 제조·가공한 물품, 그 밖에 이와 유사한 것)</li><li>신용위험(당사자 또는 제3자의 신용등급의 변동, 파산 또는 채무 재조정 등으로 인한 신용의 변동)</li><li>그 밖에 자연적, 환경적, 경제적 현상에 속하는 위험으로서 합리적이고 적정한 방법에 의하여 가격, 이자율, 지표, 단위의 산출이나 평가가 가능한 것</li></ul>

2 금융투자업

진입규제	금융투자업	주요 내용
인가제	투자매매업	누구의 명의로 하든지 자기의 계산으로 금융투자상품의 매매, 발행, 인수, 청약과 그 권유 및 승낙을 영업으로 하는 것
	투자중개업	누구의 명의로 하든지 타인의 계산으로 금융투자상품의 매매, 발행, 인수, 청약과 그 권유 및 승낙을 영업으로 하는 것
	집합투자업	펀드에 의한 투자처럼 복수(2인 이상)의 자로부터 모집된 자금을 독립된 제3자가 운용하고 그 결과를 자금을 출연한 자에게 배분·귀속시키는 업
	신탁업	신탁을 영업으로 하는 업

등록제	투자자문업	금융투자상품의 가치 또는 금융투자상품에 대한 투자판단에 관하여 자문에 응하는 것을 영업으로 하는 업
	투자일임업	투자자로부터 금융투자상품에 대한 투자판단의 전부 또는 일부를 일임받아 투자자별로 구분하여 금융투자상품을 취득ㆍ처분, 그 밖의 방법으로 운용하는 것을 영업으로 하는 업

❸ 투자자

㉠ 금융상품에 관한 전문성과 투자에 따른 위험감수능력으로 구분한다.

㉡ 전문투자자

절대적	▪ 일반투자자 대우를 받을 수 없는 전문투자자 　① 국가, 외국정부 　② 한국은행, 외국 중앙은행 　③ 금융기관, 공사, 국제기구 등
상대적	▪ 일반투자자 대우를 받겠다는 의사를 서면으로 통지 ⇒ 일반투자자로 간주 　① 주권상장법인, 해외주권상장법인 　② 지방자치단체, 신용보증기금, 기술신용보증기금 등 　③ 자발적 전문투자자 ▪ 단, 주권상장법인의 경우 장외파생상품 거래 시 일반투자자 대우 　⇒ 서면 요청 시 전문투자자 대우 가능
자발적	▪ 다음 요건을 갖춘 자는 금융위 확인 후 2년간 전문투자자 대우를 받을 수 있다. 　① 금융투자상품 잔고 100억 원 이상을 보유한 법인 　② 금융투자상품 잔고 50억 원 이상을 보유하고, 계좌 개설 후 1년이 경과한 개인

㉢ 일반투자자

절대적	전문투자자(절대적 + 상대적)가 아닌 투자자
상대적	상대적 전문투자자로서 일반투자자 대우를 받겠다는 의사를 금융투자업자에게 서면으로 통지한 자

03. 금융투자업자 규제

1 진입규제

⊙ 진입규제 개요

기능별 규제	▪ 기능별 규율체계를 고려하여 인가 · 등록단위를 세분화하고, 각 특성을 반영하여 기능별로 진입요건 수준을 차등화함 ">"는 진입요건 강화를 의미

일반투자자	>	전문투자자
장외파생상품	>	일반금융상품
인가제		
채권채무관계 > 자산수탁관계	>	등록제

업무단위 등록 · 추가	▪ 등록 : 인가 · 등록단위별로 하나의 금융투자업 인가와 하나의 등록으로 구분 ▪ 추가(add-on방식) : 업무단위 추가 시 기존의 인가 · 등록 내용을 변경
진입요건의 유지 의무	▪ 진입요건은 진입 이후에도 유지되어야 하나, 자기자본요건과 대주주요건은 일부 완화하여 적용한다.

	자기자본	매 회계연도 말을 기준으로 자기자본의 70%가 유지되어야 하나, 특정 회계연도 말 자기자본요건 미달 시 다음 회계연도까지는 유지된 것으로 간주
	대주주	① 출자금 비차입 요건 ② 형사처벌 요건(최대주주만 대상, 5억 원 벌금형으로 완화) ③ 부실 대주주의 경제적 책임 요건만 적용

ⓛ 인가요건

회사형태	① 상법상 주식회사 ② 주식회사가 아닌 특수한 형태의 금융기관 ③ 외국 금융투자업자로서 국내지점 · 영업소를 설치한 자

최저 자기자본	금융투자업 종류			금융투자상품별 최저 자기자본		
				증권	파생상품	
					장내	장외
	인가제	투자 매매업	인수 포함	500억 원	100억 원	900억 원
			인수 제외	200억 원		
		투자중개업		30억 원	20억 원	100억 원
		집합투자업		모든 펀드 80억 원		
				증권펀드 · MMF 40억 원		
		신탁업		모든 신탁재산 250억 원		
				금전신탁 130억 원		

※ 전문투자자만 대상으로 할 경우 $\frac{1}{2}$ 경감

업무수행	사업계획	사업계획이 타당하고 건전할 것
	임원	임원이 결격요건에 해당하지 아니할 것
	대주주	대주주 및 신청인이 충분한 출자능력, 건전한 재무상태 및 사회적 신용을 갖출 것
	인력 및 전산·물적 설비	• 인력 : 주요직무종사자와 전산요원 등 필요인력을 적절히 갖출 것 • 전산·물적 설비 : 전산설비 및 통신수단, 사무공간 및 사무장비, 보안설비 등을 갖출 것
이해상충 방지체계		① 이행상충발생 가능성을 파악·평가·관리할 수 있는 적절한 내부통제기준 ② 정보교류차단장치(Chinese Wall)

ⓒ 등록요건

법인		① 상법상 주식회사 ② 자문업 외국 금융투자업자로서 국내지점·영업소를 설치한 자 ③ 일임업 외국 금융투자업자로서 국내지점·영업소를 설치한 자
최저 자기자본	금융투자업 종류	금융투자상품별 최저 자기자본
	등록제 투자자문업	모든 금융투자상품 5억 원
	투자일임업	모든 금융투자상품 15억 원
	※ 전문투자자만 대상으로 할 경우 $\frac{1}{2}$ 경감	
업무수행	임원	(인가제 요건과 동일)
	대주주	(인가제 요건과 동일)
	전문인력	• 투자자문업 : 투자권유자문인력 1인 이상 • 투자일임업 : 투자운용인력 2인 이상
이해상충 방지체계		(인가제 요건과 동일)

2 지배구조 규제

ⓐ 대주주 변경 승인 : 인가제 대상 업자가 발행한 주식을 취득하여 대주주가 되고자 하는 자는 사전에 금융위원회의 승인을 받아야 한다.

ⓑ 임원의 자격제한 : 행위무능력자, 복권되지 아니한 파산선고자 등

ⓒ 견제기구

사외이사	선임의무	▪ 이사 총수의 1/2 이상, 3인 이상의 사외이사를 선임해야 함 ▪ 사외이사후보추천위원회를 통해 후보 추천
	선임의무 제외대상	① 최근 사업연도 말 기준, 자산이 2조 원 미만이면서 운용 재산의 전체 합계액이 6조 원 미만인 자 ② 외국 금융투자업자의 국내지점 · 영업소 ③ 해산 결의 · 회생절차나 파산선고를 받은 자 등
감사위원회	선임의무	▪ 총 위원의 2/3 이상이 사외이사일 것 ▪ 감사위원회 위원 중 1인 이상은 회계 또는 재무전문가일 것 ▪ 감사위원회 대표는 사외이사일 것
상근감사	선임의무	▪ 금융투자업자는 1인 이상의 상근감사를 선임하여야 함 ▪ 감사위원회를 설치한 경우에는 상근감사를 선임할 수 없음
	선임의무 제외대상	① 최근 사업연도 말 기준, 자산 1천억 원 미만이면서 운용 재산의 전체 합계액이 3조 원 미만인 자 ② 외국 금융투자업자의 국내지점 · 영업소 ③ 해산 결의 · 회생절차나 파산선고를 받은 자 등

3 건전성 규제

⊙ 재무건전성 유지(영업용순자본비율 유지의무) : 전업 투자자문 · 일임업자를 제외한 모든 금융투자업자는 영업용 순자본을 총위험액 이상으로 유지하여야 한다.

ⓒ 대주주와의 거래 제한

발행증권 소유제한	제한행위	1) 대주주가 발행한 증권의 소유 금지 2) 계열회사가 발행한 주식 · 채권 · 약속어음에 대하여 자기자본의 8%를 초과한 소유의 금지
	예외취득 절차	이사 전원 찬성에 의한 이사회 결의 → 금융위원회에 지체 없이 보고 → 홈페이지를 통한 공시
신용공여 금지	제한행위	금융투자업자 ─신용공여 금지→ 대주주 및 특수관계인 ▪ 신용공여 : 경제적 가치가 있는 재산의 대여 · 채무이행 보증 등
부당한 영향력 행사금지		▪ 금융투자업자에 대한 미공개 정보의 제공 요구 ▪ 금융투자업자에 대한 인사 · 경영에 부당한 영향력 행사 ▪ 금융투자업자에 대한 위법행위 요구

4 영업행위 규칙

　㉠ 신의성실의무
　㉡ 상호 규제
　㉢ 명의대여 금지
　㉣ 겸영업무 · 부수업무를 영위하고자 하는 자는 그 업무 개시 7일 전까지 금융위에 신고한다.
　㉤ 업무 위탁 : 금융투자업자는 영위 업무의 일부를 제3자에게 위탁 가능하다.
　㉥ 재위탁 : 원칙적으로 금지
　㉦ 이해상충관리 / 정보교류차단장치
　㉧ 표준투자권유준칙
　㉨ 적합성의 원칙(투자목적 · 경험, 재산상황) / 적정성의 원칙(파생상품 등) / 설명의무(확인)
　㉩ 부당권유 금지 : 거짓의 내용 / 불초청 권유(장외) / 재권유(예외) 등
　㉪ 투자권유대행인 : 직접 계약 체결, 계약자금 수취, 이중계약 등 금지 / 파생상품 등 X
　㉫ 직무 관련 정보 이용 금지 등

04. 증권의 발행공시제도

1 증권신고서

　㉠ 모집 / 매출 + 10억 원 이상 ⇒ 증권신고서 제출(금융위에)
　㉡ 일정기간이 지난 후 효력 발생

2 투자설명서

　㉠ 증권신고서 효력발생 후 사용
　㉡ 예비투자설명서 : 증권신고서 수리 후 효력발생 전 사용
　㉢ 증권신고서의 내용과 투자설명서의 내용은 다를 수 없다.

2. 회사법

01. 주식회사의 개념과 자본

1 주식회사 : 자본, 주식, 주주

2 주식회사의 자본원칙

	회사 설립 시 발행주식은 그 총수가 인수되어야 한다.	
자본 확정의 원칙	**확정자본제도**	**수권자본제도**
	• 회사설립 시 정관에 총액을 확정하고 그 발행 주식의 모두를 인수 요구 • 증자 시 주주총회 특별결의를 통해 자본금을 변경하여야만 신주발행 가능	• 자본총액의 일부 발행으로 인정 • 필요에 따라 잔여주식을 이사회의 결의로 신주발행
자본 충실 (유지 · 구속) 의 원칙	회사는 자본액에 상당하는 재산을 확보하고 있어야 한다는 원칙 ① 이익배당의 제한 ② 주식의 액면미달발행 제한 ③ 변태설립에 대한 엄격한 감독	④ 발기인의 주식인수 · 납입담보 책임 ⑤ 법정준비금제도
자본 불변의 원칙	자본액은 일정하며 엄격한 절차(주주총회 특별결의와 채권자 보호절차)를 밟지 않고는 임의로 변경하지 못한다.	

02. 설립절차

1 발기인

ㄱ 일반적으로 회사의 설립사무를 주관하는 자, 법률상으로는 정관에 기재하고 기명날인 또는 서명한 자
ㄴ 자격과 수에 제한이 없다.
ㄷ 1인 1주 인수의무

2 정관작성

ㄱ 실질적으로는 회사의 목적과 조직, 활동에 관하여 규정한 근본규칙
ㄴ 절대적 / 상대적 / 임의적 기재사항
ㄷ 원시정관은 공증인의 인증을 받아야 효력 발생

3 실체구성

ㄱ 설립 시 발행하는 주식의 인수와 출자의 이행을 통하여 사원확정과 자본확정이 이루어지며, 이사 · 감사의 선임에 의하여 기관이 확정되고 사단법인으로서의 실체가 마련된다.
ㄴ 발기설립 vs 모집설립
ㄷ 주식발행사항은 정관의 정함이 없을 시 발기인 전원의 동의로 결정

4 설립등기

　　㉠ 실체구성절차가 종료된 후 2주 내에 설립등기를 하여야 한다.
　　㉡ 설립등기에 의하여 회사는 법인격을 취득한다.

03. 주식과 주주

1 주식의 개념

　　㉠ 첫째, 주식회사의 자본구성 및 조달과 관련하여 그 단위로서의 의미
　　㉡ 둘째, 주주의 회사에 대한 권리·의무의 단위인 주주권을 의미
　　㉢ 액면주식의 경우 1주의 금액은 100원 이상으로 균일하여야 한다.

2 주식의 종류

　　㉠ 액면주식 vs 무액면주식
　　㉡ 기명주식 vs 무기명주식
　　㉢ 종류주식 : 보통주식, 우선주식, 후배주식, 혼합주식
　　㉣ 상환주식, 전환주식 등

3 주권

　　㉠ 주주의 지위를 표창하는 유가증권
　　㉡ 비설권증권, 요식증권

4 주주

　　㉠ 회사와의 관계에 있어서는 주주명부상의 주주만이 주주로서의 지위를 가진다.
　　㉡ 주주의 자격과 수에는 제한이 없다.
　　㉢ 주주가 회사에 대하여 부담하는 유일한 의무는 주식의 인수가액에 대한 납입의무뿐이다.

5 주주명부

　　㉠ 주주 및 주권에 관한 사항을 명확히 하기 위하여 작성하는 회사의 강제장부
　　㉡ 주주명부의 폐쇄 : 일정기간 동안 주주명부의 기재변경(명의개서)을 정지시키는 것
　　㉢ 주주명부 예시

			주식 또는 출자관계				대주주와의	

주주 또는 출자자명부

20　.　.　.

근거: 법인종합관리규정

법인명 :　　　　　　　　　　　　　　　　　　　　　　　　　　　　년　　월　　일 현재

주　　소	성　　명	주민등록번호	주식 또는 출자관계				대주주와의 관　　계	비　고
			주　　수	주당액면가액	금　　액	지분율		

세제

1. 소득세

01. 과세표준과 세액의 계산

2012년 기준

총수입금액	총수입금액 (이자소득)	총수입금액 (배당소득)	총수입금액 (사업소득)	총급여액	총연금액	총수입금액 (기타소득)
(−) 필요경비	0	0 + G−up	필요경비	근로소득공제	연금소득공제	필요경비
(=) 종합소득금액	이자소득금액	배당소득금액	사업소득금액	근로소득금액	연금소득금액	기타 소득금액

(−) 종합소득공제	인적공제	기본공제	공제대상가족 1인당 150만 원
		추가공제	기본공제대상 가족 중 ■ 장애인 : 200만 원 ■ 경로우대(70세 이상)와 양육자녀(6세 이하) : 1인당 100만 원 ■ 부녀자 세대주 : 50만 원 ■ 해당 과세기간에 출생한 직계비속 또는 　입양신고한 입양자 : 200만 원
		다자녀 추가공제	20세 이하 자녀 2인 : 100만 원 2인 초과 1인당 200만 원 추가공제
	연금보험료공제		불입액 전액
	특별공제 (근로소득자 대상)		보험료 · 의료비 · 교육비 · 주택자금 · 기부금 공제

(=) 과세표준금액

(×) 세율	과세표준	세율
	1,200만 원 이하	6%
	1,200만 원 초과 ~ 4,600만 원 이하	15%
	4,600만 원 초과 ~ 8,800만 원 이하	24%
	8,800만 원 ~ 3억 원 이하	35%
	3억 원 초과	38%

(=) 산출세액

(−) 세액공제	배당세액 · 외국납부세액 · 재해손실세액 · 근로세액 공제 (근로세액 공제액 : 50만 원 이하 55%, 초과분 + 30%, 연간한도 50만 원)

(+) 가산세
(=) 총결정세액

02. 신고와 납부

1 확정신고 납부 : 1년간의 소득을 다음 연도 5. 1 ~ 5. 31까지 주소지 관할 세무서장에게 납부

2 신고제외자

    ㉠ 근로소득만 있는 거주자

    ㉡ 퇴직소득만 있는 거주자 등

3 양도소득세

<table>
<tr><td rowspan="3"></td><td rowspan="3"></td><td colspan="7">부동산 및 부동산에 준하는 권리</td><td colspan="3">유가증권</td></tr>
<tr><td rowspan="2">토지와 건물</td><td colspan="2">부동산에 관한 권리</td><td colspan="4">기타 자산</td><td colspan="2">상장주식</td><td rowspan="2">비상장주식</td></tr>
<tr><td>지상권 전세권 등기된 임차권</td><td>취득권</td><td>특정 주식</td><td>부동산 과다 보유 주식</td><td>특정 시설물 이용권</td><td>영업권</td><td>대주주</td><td>장외</td></tr>
<tr><td rowspan="2">양도 가액</td><td>원칙</td><td colspan="11" rowspan="2">실거래가액</td></tr>
<tr><td>예외</td></tr>
<tr><td colspan="2">부동산</td><td colspan="11">기준시가</td></tr>
<tr><td colspan="2">(-) 필요경비</td><td colspan="11">취득가액, 자본적 지출 등</td></tr>
<tr><td colspan="2">(=) 양도차익</td><td colspan="11"></td></tr>
<tr><td colspan="2" rowspan="6">(-) 장기보유 특별공제</td><td colspan="11">3년 이상 보유하고 있는 등기한 토지, 건물만 해당( )는 1세대 1주택 요건을 충족한 경우</td></tr>
<tr><td colspan="3">보유기간</td><td colspan="2">공제율</td><td colspan="3">보유기간</td><td colspan="3">공제율</td></tr>
<tr><td colspan="3">3년 이상 4년 미만</td><td colspan="2">10%(24%)</td><td colspan="3">7년 이상 8년 미만</td><td colspan="3">21%(56%)</td></tr>
<tr><td colspan="3">4년 이상 5년 미만</td><td colspan="2">12%(32%)</td><td colspan="3">8년 이상 9년 미만</td><td colspan="3">24%(64%)</td></tr>
<tr><td colspan="3">5년 이상 6년 미만</td><td colspan="2">15%(40%)</td><td colspan="3">9년 이상 10년 미만</td><td colspan="3">27%(72%)</td></tr>
<tr><td colspan="3">6년 이상7년 미만</td><td colspan="2">18%(48%)</td><td colspan="3">10년 이상</td><td colspan="3">30%(80%)</td></tr>
<tr><td colspan="2">(=) 양도소득금액</td><td colspan="11"></td></tr>
<tr><td colspan="2">(-) 기본공제</td><td colspan="11">연간 부동산 · 주식별 250만 원 공제(미등기자산 제외)</td></tr>
</table>

(=) 과세표준										
(×) 세율	기본세율	미등기	1세대 3주택 이상	비사업용 토지	1세대 2주택	1년 미만 보유	2년 미만 보유	중소기업		10%
								대기업	일반	20%
	소득세율	70%	60%		50%		40%		대주주 1년 미만 보유	30%
(=) 산출세액										

2. 상속 · 증여세

01. 상속세 과세가액

1 상속재산가액 = [민법상 상속재산, 유증재산, 사인증여재산, 특별연고분여재산] + [간주 상속재산(보험금, 신탁재산, 퇴직금)]

2 상속세 과세가액 = [상속재산가액, 생전 증여재산가액, 생전 재산처분가액] − [공과금, 장례비, 채무]

3 생전 증여재산가액

   ㉠ 상속개시일 전 10년 이내에 피상속인이 상속인에게 증여한 재산가액

   ㉡ 상속개시일 전 5년 이내에 피상속인이 상속인 외의 자에게 증여한 재산가액

4 생전 재산처분 및 부채부담액

   ㉠ 1년 이내 : 2억 원 이상이고 용도 불분명인 경우 과세가액에 합산

   ㉡ 2년 이내 : 5억 원 이상이고 용도 불분명인 경우 과세가액에 합산

02. 상속세 계산

상속세 과세가액		
(−) **상속세과세가액** **차감금액**	상속공제	1) 기초공제 : 2억 원 + 가업상속(요건별 60 · 80 · 100억 원 한도) + 영농상속(2억 원 한도) 2) 인적공제 　① 배우자상속공제 : 최소 5억 원 공제(30억 원 한도) 　② 기타 인적공제 <table><tr><td>자녀 공제</td><td>1인당 3,000만 원</td></tr><tr><td>미성년자 공제</td><td>1인당 500만 원 × 20세 도달연수</td></tr><tr><td>경로 공제(60세 이상)</td><td>1인당 3,000만 원</td></tr><tr><td>장애자 공제</td><td>1인당 500만 원 × 75세 도달연수</td></tr></table>　③ 일괄공제 : max[(기초공제 + 기타 인적공제), 5억 원] 3) 물적 공제 　① 금융재산공제 　　전액 공제　2,000만 원 공제　20% 공제(2억 원 한도) 　　2,000만 원　　1억 원 　② 재해손실공제
	상속재산 감정평가수수료	감정평가법인 : 500만 원 / 평가위원회 : 1,000만 원 한도
(=) 상속세 과세표준(과세표준 50만 원 미만 시 과세하지 아니함)		
(×) 상속세 세율	10 ~ 50%, 5단계 초과누진세율(1억, 5억, 10억, 30억 구간)	
(+) 세대생략가산액	세대 생략 시 30% 할증과세	
(=) 산출세액		
(−) 세액공제	▪ 단기재상속세액공제 : 상속개시 후 10년 이내 재상속 시 1년마다 10%씩 차감한 금액 공제 ▪ 증여세액공제, 외국납부세액공제	
(+) 가산세	신고불성실가산세, 납부불성실가산세 등	
(=) 납부할 세액		

03. 증여세 계산

1 **과세가액** = [증여재산가액, 동일인 10년 내 1천만 원 이상 수증액] − 인수채무

2 **과세표준**(50만 원 미만 시 과세 안 함)

　㉠ 명의신탁증여의제 = 명의신탁재산금액 − 감정평가수수료

　㉡ 기타 재산 : 과세가액 − [증여재산공제액, 재해손실공제액, 감정평가수수료]

3 **증여재산공제액**

　㉠ 배우자 6억 원

　㉡ 직계존비속 성년 3,000만 원 / 미성년 1,500만 원

　㉢ 기타친족 500만 원

4 **세율** : 상속세율과 동일

 통계

1. 분산

01. 분산 및 표준편차

1 많은 자료를 대표하는 하나의 양이 평균이라면, 이 자료들이 얼마나 평균 주변에 모여 있는지를 알아야 할 때가 있다. 자료 하나하나가 평균에서 어느 정도 떨어져 있는지를 알려면 그냥 그 자료와 평균의 차를 구해보면 된다. 이것을 편차라 한다. 그러나 자료가 많으면 많을수록 편차 하나하나를 살펴보기가 어려우므로, 여러 편차들을 대표할 수 있는 하나의 양이 필요하다. 이것을 "흩어져 있는 정도"라는 뜻에서 산포도(散布度, dispersion)라 한다.

2 평균 가운데 가장 흔히 쓰이는 것이 산술평균이라면, 산포도 가운데 가장 흔히 쓰이는 것은 표준편차(standard deviation)이다. 이름부터 벌써 "표준"이지 않은가.

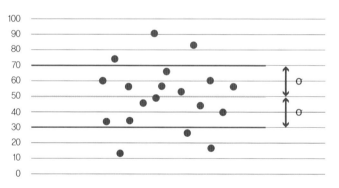

평균이 50이고 표준편차가 20인 데이터의 예
출처 : CC: Lord hidelan at Wikpedia

차세대 금융리더를 위한 금융자격증 입문서

3 계산

1. 평균 = 총합 / 총 도수
2. 편차 = 변량 − 평균
3. 분산 = 편차^{2}의 평균 = 편차^{2}의 합 / 총 도수
4. 표준편차 = $\sqrt{\text{분산}}$
   → 예시

점수	도수	편차	편차^2
60점	1	−10	100
70점	2	0	0
80점	1	10	100

1) 평균 = (60 + 70 + 70 + 80) / 4 = 70점
2) 분산 = (100 + 100) / 4 = 50
3) 표준편차 = $5\sqrt{2}$

02. 공분산 및 상관계수

1 공분산과 상관계수는 모두 두 확률변수 간의 선형적인 관계를 보고자 할 때 쓰인다. 즉, 두 확률변수 간의 관련성의 크기를 보고자 함으로, 한 변수가 변할 때 다른 변수는 얼마큼 변하는가를 나타낸다.

2 공분산은 −∞부터 ∞까지 값을 가질 수 있으며 절대값의 크기가 크면 클수록 두 확률변수 간의 관련성이 크다고 할 수 있다. 하지만 절대적인 값이 아니기 때문에 100이란 수치가 나왔을 때 '공분산 값이 크니까 관련성이 크구나'라고 말할 수 없다. 그렇기 때문에 공분산을 표준화시킨 상관계수를 이용한다.

3 상관계수는 −1에서부터 1까지 값을 가지기 때문에 −1 또는 1의 값에 가까울수록 관련성이 크다고 할 수 있고 0에 가까울수록 관련성이 없다고 할 수 있다. 이때 두 확률변수의 선형적인 관련성을 말한다. 물론 공분산이 0이라면 당연히 상관계수도 0이 된다.

4
$$cov(X, Y) = \frac{\sum E(X_i - \overline{X})(Y_i - \overline{Y})}{n}$$

5 $\rho(X, Y) = \dfrac{E(X_i - \overline{X})(Y_i - \overline{Y})}{\sqrt{\sum(X_i - \overline{X})^2}\,\sqrt{\sum(Y_i - \overline{Y})^2}}$

6 **4**는 공분산이고 **5**는 상관계수이다. 공분산을 X, Y의 표준편차로 나눠서 표준화시킨 것이 상관계수가 된다.

7 예를 들어 설명하면

X = 1 2 3 4 5

Y = 7 5 3 1 −1 을 갖는다고 한다면

$\rightarrow$ $\overline{X} = 3,\ \overline{Y} = 3$

$cov(X, Y)$

$= \dfrac{(1-3)(7-3) + (2-3)(5-3) + (3-3)(3-3) + (4-3)(1-3) + (5-3)(-1-3)}{5-1}$

$= \dfrac{-8 - 2 + 0 - 2 - 8}{4} = -5$

$\sigma_X = \sqrt{\dfrac{(1-3)^2 + (2-3)^2 + (3-3)^2 + (4-3)^2 + (5-3)^2}{5-1}} = \sqrt{2.5}$

$\sigma_Y = \sqrt{\dfrac{(7-3)^2 + (5-3)^2 + (3-3)^2 + (1-3)^2 + (-1-3)^2}{5-1}} = \sqrt{10}$

따라서, $\rho(X, Y) = \dfrac{-5}{\sqrt{2.5}\,\sqrt{10}} = -1$

이렇게 상관계수가 −1이라는 걸 구할 수 있다. 따라서 '두 확률변수 X, Y는 완전 음 (−)의 상관관계를 가진다.'라고 해석할 수 있다.

MEMO

한국금융개발원을 선택해야 할 5가지 이유

01 강의 차별화

선명한 HD급 화질은 물론
중요내용은 자막으로 반복학습
머릿속에 팍팍!!

02 교재 차별화!! (특허출원)

2013년 최신 특허출원교재!
최근 기출문제 반영!!

03 특허 출원 모바일강의!!

KFO모바일 앱 3위1체!!

출원번호 10-21012-0051755

KFO 모바일앱
3위 1체
배속조절   수강률체크
동영상 다운로드

04 착한 합격률!!

누구나 1등이라고 말하지만 아무도 증명하지 못합니다.

기초가 전무한 특성화고 **합격자 786명, 최고 합격률 91.6%** 이미 대세는 KFO입니다.

05 전국 동시 모의고사!!

실제 한국금융투자협회 자격시험과 동일한 시간대에 최신 출제경향이 반영된 기출예상 문제로 만들어진 온라인 모의고사에 응시하여, 시험 종료 즉시 내 점수를 확인하고, 피드백 해볼 수 있는 시스템입니다.

또한 시험점수를 바탕으로 자신의 수준과 합격 여부를 미리 가늠해보고, 부족한 부분은 남은 기간 동안 보충할 수 있으므로 합격을 위한 가장 효율적인 시뮬레이션 학습법입니다.

한국금융개발원 홈페이지 http://www.kfo.or.kr/

합격에 키스하라!

금융자격증 입문서

발행일 / 2013년 5월 1일 초판 발행

저 자 / 한국금융개발원

발행인 / 정 용 수

발행처 / YEAMOONSA 예문사

주 소 / 경기도 파주시 문발동 498-1 도서출판 예문사

T E L / 031) 955-0550

F A X / 031) 955-0660

등록번호 / 11-76호

정가 : 12,000원

예문사 홈페이지 http://www.yeamoonsa.com

ISBN 978-89-274-0505-4 13320

이 도서의 국립중앙도서관 출판시도서목록(CIP)은 서지정보유통지원시스템 홈페이지 (http://seoji.nl.go.kr)와 국가자료공동목록시스템(http://www.nl.go.kr/kolisnet)에서 이용하실 수 있습니다.(CIP제어번호 : CIP2013003019)